SELBSTLIEBE UND SELBSTWERT

Wie du dein Selbstwertgefühl durch radikale Annahme wiederfindest

JAN VON WILLE

Auflage
© 2019 Jan von Wille
www.Lebenvertiefen.de

ISBN: 9781796874037

Vorwort

Du bist ein Geschenk an diese Welt!! Du bist ein Wunder!

Du bist geliebt!

Wenn du dieses Buch für dich ausgesucht hast, wirst du diese Worten wahrscheinlich nicht 100% auf dich selbst beziehen können.

Aber sicher ist dir schon bewusst geworden, dass die Meinung über dich selbst alles entscheidet.

Diese „Meinung" hat sich bereits sehr früh in dir gebildet. Bei der Entstehung dieser ganz frühen Meinung warst du nicht aktiv beteiligt.

Es war die Meinung deiner Eltern, deiner Lehrer und anderen prägenden Menschen in deinem jungen Leben.

Sie alle haben tiefe Spuren in deinem Leben hinterlassen.

Für unsere Eltern war diese Rolle erst einmal neu. Dadurch waren sie sehr mit sich und einer hochkomplexen Aufgabe beschäftigt.

Und nicht selten waren sie damit komplett überfordert.

Eine solche Überforderung kann leider schlimme Auswirkungen annehmen. Viele Eltern haben auch nicht gelernt, sich selber anzunehmen. Wie sollten sie es dann an ihre Kinder weitergeben?

Diese frühen Prägungen haben dazu geführt, dass wir irgendwann eine begrenzende Lüge über uns gehört und als Wahrheit akzeptiert haben.

Wir haben vergessen, wer wir in Wahrheit sind:

Einzigartig,

liebenswert,

wunderschön

und

kostbar.

Mit diesem Buch möchte ich dich erinnern...

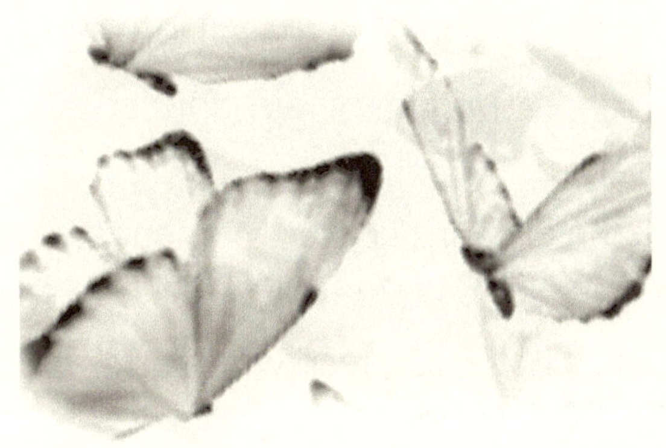

Meine Frühgeschichte

Solltest du mir einmal persönlich begegnen, wirst du schnell merken, dass ich ein recht aufgeschlossener und fröhlicher Mensch bin.

Das war nicht immer so.

Der plötzliche Tod meiner Mutter konfrontierte mich schon in meiner Kindheit mit den Themen

Abschied

und

Trauer.

Ich war gerade einmal 4 Jahre alt und zusammen mit

meinen 4 Geschwistern verbrachte ich ein Jahr in einem Kinderheim. Eine sehr düstere Zeit in meiner Erinnerung.

Du kennst bestimmt ein ähnliches Gefühl der Ohnmacht!

Das kann ein ganz kurzer Moment sein, in dem die große weite Welt zu einem dunklen Punkt zusammenfällt.

Natürlich hatte ich auch wunderbare Momente in meiner Kindheit erlebt.

Die Kindheit ist in der Regel beides:

Die Zeit von magischen, traumhaften Erlebnissen, und zugleich auch die Zeit, in der die tiefsten Wunden geschehen können.

In diesen jungen Jahren bildet sich eine Art Schutzhülle, die uns umgibt. Wird diese Hülle verletzt oder durchbrochen, entsteht in uns ein Schamgefühl.

Wir fühlen uns bloßgestellt, ausgeliefert oder verraten.

Unsicherheit und Minderwertigkeit entstehen.

Je nach Persönlichkeitstyp kann das dazu führen, dass wir einen Schutz- oder Kontrollmechanismus aufbauen.

Genau das tat ich.

Doch der Schutzmechanismus verselbständigte sich. Was zunächst Hilfe war, wurde zunehmend selbst das Problem.

Ich wurde zwar ein Meister in Organisation und meine Schaffenskraft war bemerkenswert, aber ich habe mich doch „eng" und nie „fertig" gefühlt.

Auch wenn eine Aufgabe ordentlich erledigt war, stellte sich nicht das Gefühl von Erleichterung und Zufriedenheit ein.

Besonders schädlich dabei war der Kontaktverlust zu mir selbst.

Wenn wir Aufgaben aus Liebe und Fürsorge verrichten, sind wir in Kontakt mit dem, was wir tun – und mit dem, wer wir sind. Wenn wir aber Aufgaben aus Perfektionismus erledigen, sind wir nicht in Kontakt mit unserem Tun, sondern in Kontakt mit unserer Angst.

Und genau diese Energie trennte mich von meinem Innenleben und führte darüber hinaus zu einer Distanz in meinen Beziehungen.

Es hat lange gedauert bis ich spürte, dass die Verbindung zu anderen Menschen mit der Verbindung zu mir selbst beginnt.

Mit Selbstliebe und Selbstmitempfinden.

Im Rückblick bin ich für die vielen Lebensstationen dankbar, denn daraus ist unsere Arbeit bei „**Lebenvertiefen**" entstanden:

„Für ein Leben von Innen nach Außen."

In den letzten 25 Jahren haben Susanne und ich durch unsere Seminare und Trainings mehrere tausend Menschen begleitet.

Das ist eine intensive Arbeit, die viel Kraft kostet. Und genau so viel Kraft wieder zurückbringt.

Für mich gehört es zu den kostbarsten Momenten in meinem Leben, wenn ich erlebe, wie Menschen sich den existenziellen Fragen des Lebens widmen.

Ich finde es großartig, dass du dazu bereit bist.

Möge dieses Buch dir dabei helfen, deine wahre Größe und Schönheit wiederzufinden.

Ich wünsche dir von Herzen wachsende Liebe!

Mögest du glücklich sein!

Dein Jan

Inhaltsverzeichnis

Dein Selbst und seine Werte

Selbstliebe, Selbstbewusstsein und Selbstwert sind Worte, die in der Psychologie und spirituellen Entwicklung immer wieder auftauchen.

Du sollst dein Selbstbewusstsein stärken, mehr Eigenliebe entwickeln und stärker für dich eintreten – mit diesen Aufforderungen bist du dein gesamtes Leben lang konfrontiert. Doch wie geht das und was hat es mit diesem „Selbst" auf sich?

- Weshalb bist du anscheinend noch nicht perfekt und musst darum kämpfen, größer und besser zu „werden"?

- Weshalb gibt es Ängste und Zweifel in deinem Leben, die dir das Gefühl geben, klein und unbedeutend zu sein?

- Warum läufst du in verschiedenen Bereichen deines Lebens immer wieder gegen eine unsichtbare Wand und erreichst nicht, dass sich deine Bedürfnisse erfüllen?

- Aus welchem Grund ist dein Alltag immer wieder so anstrengend, desillusionierend und kräftezehrend?

„Antworten" findest du in diesem Buch. Es geht um dich, was aus dir gemacht wurde, wer du in Wahrheit bist und schon immer warst. Die Wahrheit ist:

du bist auch in diesem Moment perfekt!

Du hast nur gelernt, etwas Begrenzendes und Einengendes über dich zu denken und dementsprechend auch zu erleben.

Du wurdest zu einem anderen Menschen gemacht, als du ursprünglich bist und jetzt ist es Zeit, dich an deine Wurzeln zu erinnern.

Du hast gelernt, ein dir fremder Mensch zu sein. Mit dieser Identität kannst du in Angriff nehmen, was immer du möchtest – alle Ergebnisse werden dir keine Erfüllung bringen. Weil es Erfahrungen sein werden, die deine „falsche" Persönlichkeit erlebt.

Solange du nicht bist, wer DU bist, kannst und wirst du nicht glücklich sein. Abgesehen von einigen Momenten, in denen dir materielle Erfahrungen einen kurzfristigen Kick schenken.

Dauerhaftes Glück ist jedoch unabhängig von äußeren Umständen. Erst wenn du das denkst und aussprichst, was in deinem Herzen angelegt wurde, bist du authentisch und kannst **dich selbst** erleben. Das ist es, wonach wir alle suchen.

Und es ist Zeit, sich auf den Weg zu machen.

Das ursprüngliche Sein in dir

Sicher kommen dir die folgenden Sätze sehr vertraut vor:

- „Du musst selbstsicherer sein!“

- „Du musst mehr Selbstvertrauen entwickeln, sonst gehst du unter!“

- „Ohne Selbstwertgefühl kommst du im Leben nicht voran!“

- „Du brauchst mehr Selbstliebe!“

Immer wieder ist von deinem *Selbst* die Rede. Aber wurde dir jemals erklärt, was dieser Begriff ganz praktisch bedeutet?

Dein Selbst beinhaltet alle Gedanken sowie daraus entstehenden Gefühle und Handlungen. Du bist physisch betrachtet ein individuelles Wesen, obwohl wir alle auf einer nichtstofflichen Ebene miteinander verbunden sind. Jedes Lebewesen erscheint auf dieser Welt in einem einzigartigen Ausdruck oder umgangssprachlich ausgedrückt:

- Du bist einzigartig.

- Niemand sieht so aus wie du.

- Die Konstellation deiner Fähigkeiten und Talente ist einmalig.

- Niemand spricht wie du.

- Dein Lebensweg ist einmalig.

Du bist einfach nur du und kein anderer Mensch.

So wurdest du angelegt.

Geschaffen.

Du bist im Körper deiner Mutter entstanden, aber sie war daran nicht beteiligt.

Hat sie dein Blut gemacht?

Deine Hautzellen gebildet?

Deine Augenfarbe angelegt oder deine Knochen wachsen lassen?

Dein Körper wurde geschaffen.

Du kannst es nennen, wie du möchtest – Leben, Gott, Natur, Universum – es bezieht sich immer auf denselben Ausgangspunkt. Etwas Unbegrenztes hat dafür gesorgt, dass sich dein Körper entwickelte.

Deine Mutter hat dich in ihrem Körper in Empfang genommen und auf ihre Weise gehegt.

Es war jedoch nicht nur dein Körper, der durch das Leben geschaffen wurde. Die Fähigkeiten zu denken und zu fühlen, Entscheidungen zu treffen und Wahlmöglichkeiten zu haben, gehören zur geistigen Ebene dessen, was dir mitgegeben wurde. Sonst wärst du nur eine leere Hülle, ohne Sinn und Ziel.

Alles Gute wurde in dich hineingelegt, bevor du deinen ersten Atemzug machen konntest.

Fähigkeiten wie Sprechen, Lachen, sich bewegen können, Erfindungen machen, fürsorglich und liebevoll sein, Weisheit, Verständnis, Reichtum erschaffen und lehren, wurden dir unsichtbar auf deine Lebensreise mitgegeben.

Alles steht dir von Anfang zur Verfügung. Trotzdem machst du tagtäglich die Erfahrung, dass dem nicht so ist. Was ist passiert?

Wenn du also

- intelligent

- schön

- versorgt

- liebevoll

- erfolgreich

- gesund

- glücklich

- voller Lebensfreude

BIST, warum zeigt dir dein Alltag ein ganz anderes Bild?

Wie du zu dem Menschen wurdest, der du heute bist

Alle Fähigkeiten sind potentiell in dir angelegt, wenn du diese Welt betrittst. Aber sie müssen sich erst als materielle Erfahrung entfalten.

Die Zutaten für einen Kuchen sind nicht der Kuchen selbst. Du musst zuerst etwas mit ihnen tun, sie zusammenbringen und der Hitze des Ofens aussetzen, damit ein Endprodukt entsteht. So ähnlich lässt sich der menschliche Werdegang erklären.

Die Fähigkeit des Laufens ist in einem Neugeborenen vorhanden, trotzdem läuft es nicht, weil die körperlichen Vorbedingungen noch nicht erfüllt sind.

Es kann noch nicht denken und sprechen, weil das spiegelnde Sprechen und Handeln der Umwelt fehlt. Es ist erwiesen, dass Babys zu früheren Zeiten in Waisenhäusern starben, weil physische und emotionale Zuwendung fehlte. Was latent im Säugling angelegt ist, muss erst „berührt" werden, um auch für das Kind erfahrbar zu sein.

Du wirst von deiner Umwelt geprägt.

Liebevolle Worte, geduldige Aufmerksamkeit und achtsame Handlungen wurden von dir in deinen ersten Kindheitstagen empfunden.

Ebenso die Ungeduld, Ängste, Aggressionen oder Hilflosigkeit der dich umgebenden Menschen. Was sie dachten und aufgrund dessen an Energie ausstrahlten, hat dich berührt und Gleiches in dir zum Schwingen gebracht.

Obwohl dir ausschließlich Gutes mitgegeben wurde, entstand auch Negatives als Folge unberührter guter Dinge in dir.

Aus sich selbst heraus existiert keine Negativität. Sie hat keine eigene Existenz und kann dich nicht aus dem Hinterhalt überfallen. Sie „erscheint", wenn das Gute und Vollkommene in dir nicht durch dein Umfeld angesprochen und gespiegelt wurde. Negative Dinge lassen sich also als (scheinbare) Abwesenheit des Guten verstehen.

Wenn es keine liebevollen Menschen in deiner Nähe gab, die deine Einzigartigkeit verstanden und davon ausgingen, dass dir alles möglich ist und zur Verfügung steht, dann wurden diese Dinge in dir nicht „angeschaltet".

Wie bei einer Lampe, die zwar mit der Stromquelle verbunden, aber nicht angeschaltet ist. Die Möglichkeit, Licht zu erzeugen, ist gegeben. Doch zuerst muss der Schalter betätigt werden.

Deine Eltern waren dein Schalter.

Was haben sie bei dir berührt? Was haben sie dir vorgelebt? Entsprechend ihrer Denk- und Verhaltensmuster sind die mitgegebenen positiven Dinge in dir zum Leben erwacht oder auch unberührt geblieben. Auf diese Weise entstand deine Persönlichkeit. Dein Wesen, in dem bestimmte Dinge zur Verfügung stehen und andere unerreichbar scheinen. Ausgehend von dem, was du als Kind real erlebt hast.

Diese Struktur entspricht nicht dem, was du wärst, wenn alles Positive in dir zum Leben erwachen würde. Das wäre und ist dein wirkliches Selbst. Die perfekte Version von dir.

Zur Zeit bist du ein Gemisch aus sichtbaren und unterdrückten Anteilen, die dich ausmachen.

Jedes Element in dir, das bisher nicht leben darf und sich keinen physischen Ausdruck verschaffen kann, lässt dich deine Begrenzung fühlen. Daher ist dein Wunsch nach Freiheit gleichbedeutend mit der Sehnsucht nach Unbegrenztheit im geistigen Sinne.

Es geht um die Befreiung von Aussagen wie:

„Das geht nicht.“

„Das kannst du nicht.“

„Du bekommst das nur, wenn du....“

Das ganze Leben laufen wir anderen Menschen hinterher, um geliebt, versorgt, aufgebaut oder gesehen zu werden. Dieser Mangel in unserer Persönlichkeitsstruktur ist die Folge eines Umfeldes in der Kindheit, das mit einem Mangel an Selbstliebe, Selbstvertrauen und Selbstbewusstsein lebte und diese

Dinge in dir und mir nicht berühren konnte.

Auferlegte Grenzen

Die meisten Menschen richten ihr Leben innerhalb dieser antrainierten Strukturen ein. Die äußeren Umstände werden zu Handlungsgrenzen, die sich anscheinend nicht überschreiten lassen. Statt auf das Herz zu hören und damit den innigsten Wünschen Raum zu schenken, beginnen wir jeden Tag mit der unausgesprochenen Frage, was wir uns laut Kontostand heute leisten können.

Jeder Urlaub, die Wohnung samt Einrichtung oder der Bezug von Kleidung und Nahrungsmitteln hängen für die meisten Menschen vom Bankkonto ab.

Was möglich und unmöglich ist, wird mit Geld in Verbindung gebracht und von diesem diktiert.

Doch Finanzen stehen in unserer Gesellschaft immer in Verbindung mit einer vorher erbrachten Leistung.

Obwohl du als Kind nur physische Begrenzung durch deinen Körper erfahren hast und ansonsten mit einem freien Zustand geboren wurdest, ändert sich diese Wahrnehmung innerhalb weniger Jahre.

In den ersten sieben Lebensjahren erfolgt deine Prägung, mit der du anschließend dein restliches Leben zu tun hast.

Je begrenzter deine Eltern und dein Umfeld in ihrem Denken und Handeln waren, desto intensiver wird deine spätere innere Auseinandersetzung sein.

Manchmal werden sehr reife Kinder in Familien geboren, deren Denken sich sehr stark an den bestehenden Strukturen orientiert. Diese hochsensiblen Kinder werden sich ihr ganzes Leben von ihrer Ursprungsfamilie unverstanden fühlen. Sie können den Anforderungen und Wünschen der Eltern nicht gerecht werden, da sie sich dafür rückwärts entwickeln und kleiner machen müssten, als sie auf ihrem derzeitigen Entwicklungsweg sind.

Die meisten Kinder verlieren jedoch sehr schnell die Erinnerung an sich selbst.

Ihr Geist akzeptiert bereitwillig die Grenzen, die ihnen von ihrer Familie vorgelebt werden.

Trotzdem kommt jeder Mensch in seinem Leben immer wieder an den Punkt, an dem er Fähigkeiten offenbaren muss, die bisher noch nicht freigesetzt wurden und außerhalb seiner übernommenen Persönlichkeitsstruktur liegen.

Eigentlich sollte dieser Wachstumsprozess keine Schwierigkeit darstellen, da alles seine Zeit hat.

Damit ist gemeint, dass ein Baby erst mit einem Jahr zu laufen beginnt. Nicht früher.

Auch das Sprechen hat seine Zeit, das erste Fahrradfahren, das erste Schwimmen, das erste Laufen auf Rollschuhen – alles passiert irgendwann zum ersten

Mal.

Dabei erleben wir, dass es Kindern und Erwachsenen unterschiedlich leicht- oder schwerfällt, neue Fähigkeiten auszudrücken.

Wie kann das sein, wenn jedem Menschen von Anfang an das volle Potential mitgegeben wurde?

Das Lösungswort heißt „positiver Zuspruch".

Nur ein Kind, das sich frei entfalten kann, wird sein volles Potential leben (können).

Was aber wird unter „freier Entfaltung" verstanden?

Frei bedeutet in diesem Zusammenhang „natürlich" und meint den Lebensrhythmus, der vom Leben und nicht von einer Leistungsgesellschaft vorgegeben wird. Denn es ist nicht natürlich, ein Kind morgens zu wecken, bevor sich sein Körper und seine Psyche komplett regeneriert haben.

Es ist nicht natürlich, dem kindlichen Körper in Kindereinrichtungen Töpfchenzeiten aufzuzwingen.

Es ist auch nicht vom Leben vorgesehen, nach festgelegter Uhrzeit zu essen oder zu schlafen.

Der Rhythmus in Kindereinrichtungen ist nicht den natürlichen Lebensimpulsen angepasst, sondern zwingt den jungen Menschen, seinen inneren Impulsen entgegenzuwirken.

Damit wird das Recht auf Freiheit und Selbstbestimmung beschnitten und es ist der Anfang vom Ende deines eigenen Selbst.

Was sich auf natürliche Weise durch das Kind auszudrücken versucht, wird unterbunden. Stattdessen wird dem Menschen ein Rhythmus aufgezwungen, der den natürlichen Bedürfnissen entgegensteht und auf den Erhalt einer Gesellschaftsstruktur ausgerichtet ist.

Deswegen sehen viele Menschen verbittert und abgestumpft aus, interessieren sich nicht mehr für ihre Mitmenschen, entwickeln Existenzängste und versuchen oftmals, mit Gewalt zu überleben.

Sie verschwinden jeden Tag ein wenig mehr, weil sie nichts von dem, was sie ursprünglich waren, leben können und dürfen.

Trotz Konditionierung ist der Lebensimpuls in Form von Wünschen und Träumen immer vorhanden.

Wer nur das Leben anderer Menschen lebt und deren Vorgaben erfüllt, wird sich auf dem Sterbebett fragen, ob das wirklich SEIN Leben war. Und er wird wissen, dass dem nicht so ist.

In solch einem Leben können sich das Bewusstsein der individuellen Persönlichkeit und das eigene Wertgefühl keinen Ausdruck verschaffen. Das bedeutet, dass man nie wirklich erfüllt und zufrieden sein wird.

Das Empfinden, dass „alles gut ist", wird nur wahrnehmbar, wenn wir sind, wer WIR sind.

Ein innerer Gedankenimpuls aus unserem Herzen wird auf einer festeren Schwingungsebene zu einem positiven Gefühl, das sich auf der materiellen Ebene als Handlung sichtbar macht.

Alles beginnt in uns selbst.

Nicht im anderen.

Lass uns deswegen schauen, was es braucht, um bei sich selbst bleiben zu können.

Eine Gesellschaft ohne Mütterlichkeit

Für einen neugeborenen Menschen ist es lebensnotwendig, geliebt zu werden. Neben den körperlichen Bedürfnissen ist die Versorgung mit einer unsichtbaren Kraft, die Liebe genannt wird, die Voraussetzung, um das Sein des Menschen zu aktivieren.

Da wir uns sehr weit von unseren Gefühlen entfernt haben, ist diese Wahrheit für uns schwer zu verstehen. Wir leben in modernen Wohnungen, können auf hochentwickelte Technik zurückgreifen und sind in den meisten Lebensbereichen abgesichert. Trotzdem gehen die Menschen immer distanzierter miteinander um und leben in der Angst, nicht zu bekommen, was sie sich wünschen.

Warum?

Es fehlt an Selbstsicherheit und dem Verständnis, wer wir sind, wo wir herkommen und über welche Fähigkeiten wir naturgegeben verfügen. Wir sind mit einem Fremdbewusstsein aufgewachsen, mit dem alles was uns ausmacht zugedeckt wurde.

Hätte das verhindert werden können?

Selbstverständlich ja.

Hätte es in unserer Kindheit eine liebende Mutter

gegeben, die von unserem Potential gewusst und uns davon täglich erzählt hätte, wären wir mit dieser Energie genährt worden. Deshalb sind wir am Anfang unseres Lebens auf der Erde physisch hilflos und abhängig.

Denn dadurch muss jedes Baby getragen werden und wird dadurch an den mütterlichen Körper gedrückt. Schon während der Schwangerschaft wird in der Mutter der Beschützerinstinkt für das Ungeborene geweckt. Ist das Baby auf der Welt, öffnen sich zusätzliche Energieströme, die das Kind einhüllen und auf unsichtbarer Ebene nähren.

Erinnern wir uns – was tut ein kleines Kind, wenn es Schmerzen hat oder ungerecht behandelt wurde? Es wirft sich in die Arme seiner Eltern, vorzugsweise in die seiner Mutter. In diesem Moment taucht es in den schützenden Energiekreis ein.

Das geistige Feld einer Mutter, die ihr Kind liebt und alles Negative von ihm fernhalten will, ist stärker als alles Bedrohliche, was das Sein des Kindes berührt und ihm schadet. Jede Heilung findet durch diese Liebe ihren Anfang auf der unsichtbaren Ebene.

Deshalb sollten Mutter und Kind gerade in den ersten Jahren nicht getrennt werden.

Das Baby und später auch das Kleinkind sind auf das energetische Feld der Mutter angewiesen. Selbst ängstliche oder aggressive Mütter strahlen diesen Schutz unwissentlich auf ihren Nachwuchs aus.

Deshalb hängen Kinder an ihren Eltern, selbst wenn diese nicht sehr gut mit ihnen umgehen.

In der heutigen Gesellschaft wird Kindern dieses

lebensnotwendige Elixier frühzeitig entzogen.

Dieses liebende Feld, das aus der Mutter hervorgeht, hat eine ganz individuelle Frequenz, in der das Baby schon während der Schwangerschaft lebte. Es lässt sich mit einem unsichtbaren Körper vergleichen, der aber genau wie der physische Körper zum Kind dazugehört. Wird er nicht genährt, kommt das einem seelischen Aushungern gleich.

Könnten Kinder die ersten sieben Lebensjahre bei ihren Müttern aufwachsen und würden diese für die Kindererziehung gut bezahlt werden, sodass keine Existenzängste aufkommen, hätten wir schon heute eine andere Gesellschaft.

Jede Mutter kümmert sich auf ganz individuelle Weise um ihren Nachwuchs. Sie setzt intuitiv Grenzen und weiß aufgrund innerer Impulse, was zu tun und zu lassen ist.

Diese Fähigkeit wird mit Beginn der Schwangerschaft in jeder Mutter freigesetzt. Auch wenn die eigenen Blockaden die Impulse häufig abschwächen oder sich Mütter entscheiden, nicht darauf zu hören, in jeder Frau wird zu diesem Zeitpunkt die seelisch-geistige Struktur verändert, um das Unsichtbare im Kind zu nähren.

Das Gefühl, einen Platz in dieser Welt zu haben, über sich hinauswachsen zu können, das Richtige zu tun und die Fähigkeit zu lieben werden durch das Energiefeld der Mutter in dem Kind berührt und zum Leben erweckt.

Je früher die Mutter vom Kind getrennt wird, desto weniger Potential wird aktiviert und desto schwerer wird es für den Betreffenden, im späteren Leben handlungs- und liebesfähig zu sein.

Wenn du bis hierhin gelesen hast, ist in dir womöglich eine Ahnung entstanden, dass einige Dinge in deinem Leben besser laufen könnten und sollten.

Es geht in diesem Buch um Selbstliebe und Selbstbewusstsein. Um eine Liebe, die ihren Anfang in dir hat, unabhängig von äußeren Auslösern.

Tief in deinem Herzen existiert alles Wissen und die Quelle deiner Liebe. Noch hast du sie nicht angezapft.

Zur Zeit bist du auf der Suche nach den richtigen Umständen, die dir bringen, was du dir wünschst. Du suchst Menschen, die dich lieben.

Dazu müssen diese Personen zuerst die Liebe in sich selbst finden. Genau wie du sind auf der Suche nach Menschen, die sie lieben und ihnen das Gefühl geben, wertvoll und wichtig zu sein.

Und so laufen wir auf diesem Planeten herum, hungrig nach Liebe und Selbstbestimmung und müssen zuerst erkennen, dass die meisten Menschen innerlich ebenso leer und einsam sind.

Das heißt, dass du bei dir und deiner Geschichte beginnen musst, wenn du mehr Kraft, Freude, Enthusiasmus und Sinnhaftigkeit spüren willst. Niemand kann dir diese Dinge geben. Sie fließen in jedem Moment aus dir heraus.

Wir müssen nur erkennen, dass wir selbst diesen freien Fluss blockieren und uns fragen, wie wir das hinbekommen und ob wir möglicherweise damit aufhören wollen.

Bevor du das nächste Kapitel liest, möchte ich dich zu einer kleinen Kraftquelle einladen.

Das „radikale Ja" zu dir.

Wahrscheinlich hast du Lebensbereiche, mit denen du zufrieden bist. Charaktereigenschaften oder Fähigkeiten, die du an dir magst. Hier ist es leicht, dich selbst anzunehmen und ein „JA" zu finden.

Vielleicht kennst du den Satz:

„Liebe mich, wenn ich es am wenigsten verdient habe, denn dann brauche ich es am dringendsten".

Wenn du ein JA findest auch zu den Seiten in dir, mit denen du Mühe hast, dann ist das bereits ein gewaltiger Entwicklungsschritt.

Je mehr bestätigende Worte wir in unserer Kindheit von unseren Eltern mit auf den Weg bekommen haben, desto leichter wird uns das fallen.

Doch auch wenn du dich kaum an bestätigende, annehmende Worte erinnerst, kannst du diesen Worten sozusagen „nachträglich" Raum in dir geben.

Ganz zum Schluss dieses Buches habe ich dir eine

kleine Liste zusammengestellt mit Worten, die in den einzelnen Entwicklungsphasen eines Kindes heilsam und förderlich sind.

An dieser Stelle lade ich dich ein, das „radikale Ja" einfach schon mal auf dich wirken zu lassen.

Radikal - weil es ein Ja ohne Ausnahme ist.

Ein wirklich heilsames und erlösendes JA bedeutet ein Ja zu deinem Licht und deinem Schatten.

Ein JA zu deinen schönen Augen und deinen Fettpölsterchen.

Ein JA zu deiner Freundlichkeit und deinen nervenden, niemals perfekten Seiten in dir.

Fange niedrigschwellig an.

Du musst nicht alles an dir toll finden. Es geht darum, alles erst einmal anzuerkennen, weil es nun einmal da ist.

Du wirst dabei natürlich auch Widerstand spüren.

Das ist normal.

Aber du bekommst ein Gefühl für die Bereiche, bei denen der Widerstand (noch) da ist.

Markiere dir diese Sätze im Buch. Und dann lese dir diese Liste noch einmal vor, nachdem du dieses Buch gelesen hast.

Und schau, was sich verändert hat...

Ja, ich bin da.

Ja, ich atme.

Ja, zu meiner Geschichte.

Ja, zu meinen Träumen.

Ja, ich empfinde jetzt Trauer.

Ja, ich bin unruhig.

Ja, wünsche mir, dass ich schon weiter wäre.

Ja, bin ich aber nicht. Ich kämpfe noch mit … und mit …

Ich akzeptiere meine derzeitigen Grenzen. Meine Scham, meine Wut.

Ich gebe diesen Grenzen mein JA.

Ich fühle, wie dieses JA auf mich wirkt.

Ich ahne, dass ich dieses JA nicht von einem anderen Menschen fordern kann.

Ich möchte es wachsen lassen in mir.

JA, zu mir.

Ja, zu meinem Ahnen, meiner Sehnsucht und meinen Träumen.

Ja, zu meiner ganz eigenen Schönheit und Kraft.

JA…

Kümmere dich nicht darum, welche Gefühle diese Sätze in dir auslösen.

Lass die Worte ruhig in ihrem noch nüchternen Klang auf dich wirken und komme zum Ende des Buches noch mal auf sie zurück.

Und beobachte, was sich emotional bei dir verändert hat...

Warum du (noch) nicht sein kannst, wer du sein willst

Hast du durch die vorangegangenen Kapitel erkannt, dass du als fremdbestimmter Mensch lebst, gibt es zwei Wege.

Entweder richtest du dich innerhalb deiner Grenzen ein und lebst dein Leben, so gut es sich mit diesen Begrenzungen leben lässt, oder du machst dich auf die Suche nach deinen eigenen Wurzeln.

Dabei wirst du reflektieren und dich deinen bisherigen Glaubenssätzen stellen müssen.

Du wirst Menschen verlieren, die deinen Weg nicht mitgehen können. Deine Familie könnte sich von dir abwenden. Deine Kinder empfinden dich möglicherweise als durchgedreht und alles, was du dir bis hierher geschaffen hast, könnte sich in Luft auflösen.

Deine Reise beginnt mit einer Desillusionierung.

Warum solltest du solch einen Weg gehen, der schmerzhaft und einsam werden kann?

Weil er dir bestimmt ist.

Jeder Mensch muss aufwachen.

Jeder aber zu seiner Zeit.

Dass du noch liest, zeigt sehr deutlich, dass dich etwas anzieht und berührt. Du hörst diesen Ruf der Seele, der sich dir mit bestimmten Worten mitteilt. Der dich zum Aufwachen anleiten möchte, damit du wieder lieben kannst.

Ohne Liebe ist dein Leben sinnlos und ein einziger Versuch, in der materiellen Welt etwas zu erreichen, was dich nicht glücklich machen kann. Wahrscheinlich bist du diesen Weg schon eine Weile gegangen. Du hast ganz sicher viele Dinge ausprobiert, um erfolgreich und versorgt zu sein und geliebt zu werden.

Doch du bist immer noch auf der Suche.

Du hast noch nicht DEN Job, DEN Menschen und DAS Umfeld gefunden, das dich glücklich macht.

Lass mich also das Pflaster mit einem Ruck abreißen:

du wirst nichts dergleichen finden!

Denn dein äußeres Leben entfaltet sich aus deinem Inneren.

Die Lösung?

Finde DEIN Inneres.

Das innere und für die Sinnesorgane unsichtbare Feld in dir.

An dieser Stelle wirst du von Selbstvertrauen und Selbstliebe durchflossen. Du brauchst und kannst sie nicht erreichen. Du musst nur aufhören, dich unbewusst in jedem Moment von ihnen abzuwenden, wie man es dir jahrelang beigebracht hat.

Lass uns also auf die Suche nach dir selbst gehen.

Wollen alleine reicht nicht

Möchtest du eine kleine Übung machen? Dann sprich den folgenden Satz bitte ernsthaft und laut aus:

„Ich lasse meine begrenzende Vergangenheit los. Ich bin jetzt frei von allen negativen Ansichten, die mir in der Kindheit auferlegt wurden. Ich bin frei und glücklich!"

Was ist passiert?

Ich liege sicher richtig, wenn ich davon ausgehe, dass nichts passiert ist, stimmt das?

Genau das ist der Grund, weshalb Menschen positives Denken, Meditation oder Affirmationen nicht anerkennen und als Unsinn abtun. Weil sich im natürlichen Bereich nicht sofort Auswirkungen zeigen. Die Wahrheit ist – es ist auch bei dir gerade etwas passiert. Aber deine Sinnesorgane können diesen Vorgang (noch) nicht erfassen und du bist noch nicht trainiert, die Vorgänge auf der geistigen Ebene wahrzunehmen.

In der heutigen Gesellschaft wird nur das für die Sinne Erfahrbare als real vorhanden akzeptiert. Weil das Wissen über die feineren Sinne und deren Wahrnehmungen weder gelehrt noch erfahren wird.

Trotzdem existieren sie, unabhängig davon, ob der Mensch sie anerkennt oder nicht.

In diesen Dingen sind wir nach wie vor unwissend und es ist höchste Zeit, dass wir uns damit beschäftigen.

Denn nur das Wollen wird uns nicht bringen, was wir uns wünschen.

Kennst du den Ausspruch:

„Du bekommst nicht das, was du willst, sondern das, was du brauchst!"

Einfacher ausgedrückt bekommst du nur das, von dem du unbewusst überzeugt bist und nicht das, was du dir wünschst. Deine inneren Programme diktieren deine physische Wahrheit und das so lange, bis du erkennst, dass es wirklich so ist.

Was hat all das mit deiner Selbstliebe und deinem Selbstbewusstsein zu tun?

Warum gehe ich so intensiv auf diese Dinge ein?

Weil du nichts tun kannst, um deine Liebe und dein Bewusstsein zu erreichen.

Du kannst nur erkennen, dass du gelernt hast, dich zu verleugnen und fremdbestimmt zu handeln. Höre damit auf und dein Selbst scheint durch jeden deiner Gedanken und alle deine Handlungen.

Was gibt es also zu tun?

Fange bei Null an und erinnern dich, dass du gut und vollkommen bist.

Dass alles möglich ist.

Dass es keine Unmöglichkeit gibt.

Du kannst alles haben und beanspruchen, das dir und anderen Gutes tut. Eventuelle Notlagen werden nie wieder existentiell sein, weil du alle Umstände mit der Kraft der Gedanken und des Wortes zum Richtigen verändern kannst.

Schwierigkeiten bedeuten dann nur einen kurzen Zeitraum, in dem die positive Manifestation noch nicht für die Sinne erfahrbar, aber im Werden ist.

Wenn du das alles physisch erlebst, bist du in deinem Selbst angekommen und handelst aus ihm heraus.

Dies sind die Auswirkungen neuer und positiver

Gedanken, die du von Anfang an hättest wählen können, hätte dir jemand diese Wahrheit erklärt. Es hat bis jetzt gedauert, aber das macht nichts. Alles hat SEINE Zeit und du wirst immer im richtigen Moment mit den für dich richtigen Dingen konfrontiert.

Kommen wir noch einmal zu der kleinen Übung am Anfang des Kapitels zurück.

Wenn du den Satz mit dem jetzigen Wissen laut aussprichst, hat sich schon etwas in dir verändert.

Du weißt, dass dieser Satz Gestalt annehmen wird.

Du weißt nicht, wann das sein wird und unter welchen Umständen. Das ist auch nicht deine Aufgabe. Du sendest den Satz aus und erwartest die Erfüllung.

Das WIE liegt nicht in unserer Hand.

Darum brauchst du dich nicht kümmern. Hier sind Naturgesetze am Werk, die genau wie die Gravitationskraft oder Ebbe und Flut funktionieren. Sie tun es einfach.

Punkt.

Akzeptiere es und mach dich damit auf deinen Weg.

Gedanke – Wort – Handlung

Ich liebe mich.

Sag es bitte!

Ich liebe mich!

Du wirst etwas anderes fühlen, als du sagst, richtig?

Warum?

Erinnere dich an dein Elternhaus.

Wie oft hast du diesen Satz zu hören bekommen? Was haben deine Eltern ausgestrahlt, wenn sie diese Worte zu dir sagten?

Je seltener wir diese Worte zu hören bekamen, desto weniger haben wir die in uns fließende Liebe gespürt. Wurde sie selten oder gar nicht durch unser Umfeld berührt, fühlen wir sie nicht mehr. Und sind auf der Suche nach einem Menschen, der uns liebt.

In Wahrheit soll er das berühren, was in uns lebt. Da es jedoch den meisten Menschen ebenso ergeht, erwarten sie von uns das Gleiche. Und beide Seiten gehen leer aus.

Lehne dich einen Moment zurück und lass mich dir Folgendes sagen:

„Willkommen auf dieser Erde.

Auch wenn es im Moment für dich schwer zu glauben ist – es ist schön und wichtig, dass es dich gibt.

Ohne dich würde ein Teil auf dieser Erde fehlen.

So wichtig bist du.

Als du geboren wurdest, erwachte die Natur. Wenn du die Erde wieder verlässt, wird es einen Windzug geben, der dich zu deinem nächsten Wegabschnitt begleitet. Dazwischen wird jeder deiner Gedanken in der geistigen Atmosphäre wahrgenommen und gespeichert. So wichtig bist du!

Du bist ein Stückchen Sonnenschein, du trägst das tröstende Wort für einen Menschen dieser Welt in dir.

Die Berührung deiner Hände heilt und dein Blick macht sanft und friedvoll. Du bist ein Stückchen Universum, das sich in individueller Weise durch dich zeigt. Glück und Frieden ruhen in dir, ebenso die Kraft, um die Auswirkungen unvollkommener Gedanken zu beseitigen.

Du bist innerlich ein Riese.

Ein Schöpfer und Mitgestalter dieser Welt. Sie ist dir anvertraut und wartet auf dein Erwachen.

Damit du den Menschen aus eigenem Erleben von diesen Wahrheiten erzählen kannst.

Du wirst geliebt.

In jedem Moment deines Daseins.

Vielleicht haben dir deine Eltern das nicht übermitteln können, weil auch sie vergessen haben, wer sie sind.

Trotzdem ist diese Liebe in dir. Sie trocknet jede deiner Tränen. Sie heilt jeden Kummer. Sie verändert alles zum Guten.

Hättest du diese Worte in deiner Kindheit gehört, hättest du den entsprechenden Glauben daran entwickelt.

Nichts ist verloren. Du hörst es jetzt.

Wieder und wieder.

Der Glauben an diese Tatsachen entwickelt sich aus dem Hören. Wie schon in deiner Kindheit, aber jetzt ist die Zeit für die richtigen Worte.

Es ist Zeit für dein Gutes.

Hab Mut und Geduld. Du musst mich, deine innere Kraft, nicht erreichen. Ich bin in dir.

Ich bin du und bringe dich Schritt für Schritt dahin, dass du mich wieder spüren und in deine Wahrnehmung aufnehmen kannst.

Du hast gelernt, meine Stimme zu ignorieren. Aber jetzt wachst du auf und wirst erkennen, dass ich immer hier war.

Du beginnst, mir wieder zuzuhören.

Mich als dich zu erkennen.

Ich bin das, was du als dein Selbstbewusstsein bezeichnest. Ich bin der intuitive Gedanke in dir.

Der Mut, der dich in die richtige Richtung schiebt und die Hoffnung, wieder bei den Wurzeln anzukommen und ganz du selbst zu sein.

Ich bin – deine Selbstliebe."

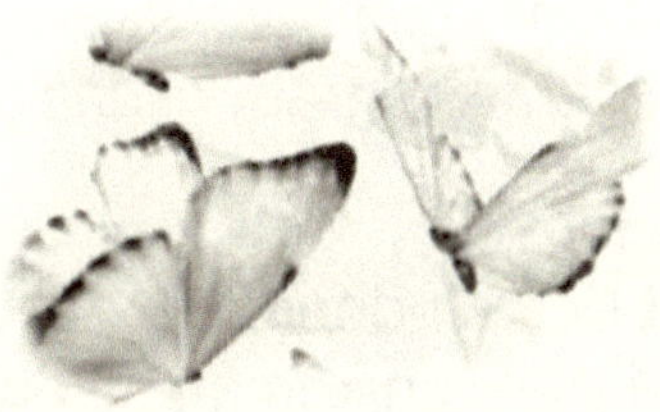

Lese dir diesen Text laut vor.

Dann hören deine Ohren Worte, die in der Vergangenheit für dich vorgesehen waren.

Unwissende Menschen konnten sie dir nicht geben, aber jetzt sind sie allein für dich bestimmt.

Was glaubst du, würde passieren, wenn du dich kontinuierlich mit solch positiven und das Herz erwärmenden Worten umgibst?

Wenn du dein Umfeld entsprechend deiner Sinneswahrnehmungen nicht negativ beurteilen würdest.

Was wäre, wenn du Zeit in diesen Gedanken verbringst? Denn genau das wollen wir tun.

Wir geben deinem Verstand einige theoretische Informationen. Damit er sich nicht ausgeschlossen oder überfordert fühlt.

Denn anfangs wirst du Widerstand erleben, der dich erkennen lässt, dass der Aufräumprozess im Gange ist.

Je mehr du die richtigen Worte wählst, desto leichter wird die Wahrnehmung deiner Selbstliebe und deines Selbstbewusstseins.

Mit „Bewusstsein" ist gemeint, dass du in jedem Moment einen bestimmten Gedanken bezüglich der derzeitigen Situation in dir spürst. Bisher kommen diese Gedanken aus einem Programm, das du übernehmen musstest.

Jetzt beginnst du, auf den ersten Impuls zu achten, der aus DEINEM Inneren kommt. Du hast gelernt, der Matrix in dir zuzuhören. Jetzt bist du auf dem Weg zu innerer Freiheit. Im wahrsten Sinne des Wortes. Frei sein von Ansichten und Meinungen, die andere Menschen in dich hineingelegt haben.

Wie sieht das praktisch aus?

In vielen Situationen hast du bisher mit Angst, Unsicherheit, Abwehr oder Ärger reagiert.

Du warst nicht Herr der Lage, weil sich dein anerzogenes Programm ständig eingemischt hat.

Normalerweise hast du vor keiner Situation Angst. Weil du sie immer mit positiven Gedanken füllen und lenken kannst.

Es sei denn, du wirst vor einer leichtsinnigen Handlung gewarnt. Aber das lässt sich leicht auseinanderhalten.

Schauen wir uns an, wie sich deine Konditionierungen im Alltag bemerkbar machen:

Nehmen wir an, du triffst auf einen Arbeitskollegen, der sehr mitgenommen aussieht und dem es scheinbar nicht gut geht.

Was ist dein erster Impuls? Vielleicht fragst du ihn, was los sei und bekommst eine etwas abwehrende Antwort. Du fühlst dich sofort abgewiesen und wirst ärgerlich, denn du hast es nur gut gemeint und wolltest helfen.

Schon hat sich die Situation nicht so entwickelt, wie es im besten Sinne hätte sein können.

Was ist passiert?

Dein Programm ist angesprungen und hat dein Verständnis, deine Sensibilität und deine Selbstliebe übertönt. Jetzt fühlst du dich abgelehnt und alleine, obwohl du dem anderen Menschen Gutes tun wolltest.

Du kannst dich sicher nicht mehr an diese Momente in deiner Kindheit erinnern, aber beobachte andere Eltern im Umgang mit ihrem Nachwuchs. Was passiert, wenn Kinder helfen wollen?

In den meisten Fällen wird ihnen erklärt, dass sie

- nicht helfen können

- noch zu klein seien

- weggehen sollen

- nicht stören sollen

Es wird dich vielleicht überraschen, dass diese Konditionierung aus der Vergangenheit für deine jetzigen Gefühle verantwortlich ist.

In einer Situation, in der du als Kind helfend eingreifen wolltest, wurdest du zurückgewiesen. Der Fluss deiner Liebesenergie, die etwas Gutes in dieser Situation tun wollte, wurde auf dich zurückgeworfen.

Wird solch eine Situation nicht geklärt, indem einem Kind gesagt wird, dass es im späteren Alter helfen kann oder später zusammen mit einem Erwachsenen, hat das Auswirkungen auf das gesamte Leben.

Die Gefühle werden in ähnlichen Situationen wieder aufstehen und selbst wenn man erwachsen ist, wird sich das Gefühl der Zurückweisung einstellen.

Wäre deine Herzensenergie in der gegenwärtigen Situation geflossen, hättest du nicht mit Rückzug auf die Ablehnung reagiert. Du hättest sie als das erkannt, was sie ist – ein Schamgefühl, eine Opferrolle und der Ärger über die eigene Unfähigkeit, die Dinge zu regeln, die in deinem Gegenüber arbeiten.

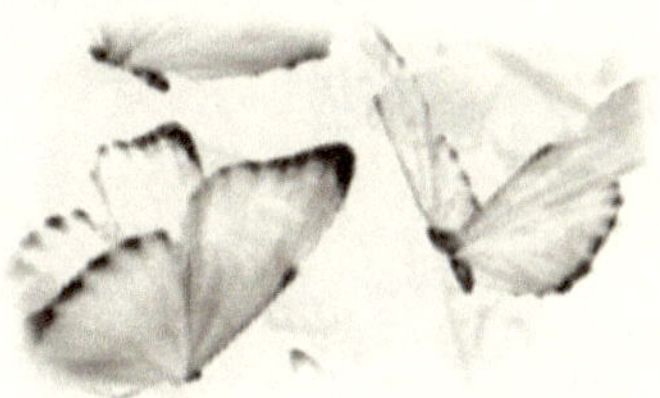

Nichts davon hat mit dir zu tun.

Wäre dir das bewusst geworden, wäre deine innewohnende Liebe als Mitgefühl in dir aufgestiegen. Die Berührung mit dieser friedlichen und respektierenden Energie hätte dein Gegenüber besänftigt und seinen Widerstand geschwächt.

Statt dich verbal zurückzuweisen, hätte dein Arbeitskollege innegehalten und angefangen, dir von seinen Problemen zu erzählen. Du hast zuerst seinen Widerstand gegen die momentane Situation berührt und musst diesen annehmen und aushalten können.

Damit hilfst du dem anderen Menschen, sein zu dürfen, wie er gerade mit all seinen Konditionierungen ist. Auf dem Weg zur eigenen Befreiung.

Wie du siehst, hat dieses Hintergrundwissen eine große Auswirkung. Möglicherweise arbeiten in dir immer noch die Empfindungen der Ablehnung, aber wenn du weißt, dass das automatische Reaktionen sind, kannst du innerlich immer schneller Abstand davon nehmen.

Und auf das hören, was aus deinem Herzen kommt.

Selbstbewusstsein – Fremdbewusstsein

Ich möchte das Empfinden in dir wecken, dass du zur Zeit noch aus zwei Persönlichkeiten „bestehst". Dein ursprüngliches Wesen wurde durch eine künstlich erzeugte Persönlichkeitsstruktur überdeckt. Jetzt ist es an der Zeit, auf die dahinterliegende Stimme zu lauschen.

Du kannst nichts tun, um diesen Teil in dir zum Vorschein zu bringen. Du kannst aber eine Menge tun, um dir darüber klar zu werden, wann sich Konditionierungen in dir melden, die nichts mit deinem ursprünglichen Wesen zu tun haben. Ganz zu Anfang versuchen die meisten Menschen, *die eine* Technik oder *die eine* Anleitung zu finden, um Frieden und Glück zu erlangen.

Es ist wichtig, dass du dir immer wieder bewusst machst, dass du diese Zustände nicht erlangen kannst. Deswegen gibt es auch keine Möglichkeit, sie zu erreichen.

Du musst „nur aufhören", das Gegenteil davon zu tun. So wie es bei fast jedem Menschen aufgrund individueller Prägungen geschieht.

In östlichen Traditionen ist es üblich, Mitgefühl, Stille und Gewaltlosigkeit zu praktizieren. Für den westlich geprägten Menschen kann das am Anfang nur erschwert funktionieren.

Wir haben eine andere Erziehung erhalten, die sich überwiegend mit der Außenwelt und dem Leistungsdenken beschäftigt. Die Natur der Dinge, die Kraft, die uns erzeugt und erhält oder der geistige und unstoffliche Ursprung aller Dinge sind Themen, die in der westlichen Welt wenig angesprochen werden.

Deshalb erlebst du sofort inneren Widerstand, sobald du dich mit diesen elementaren Dingen auseinandersetzen willst. Weil das begrenzende Fremdbewusstsein deine Wahrnehmungen überwiegend auf die Sinneserfahrungen reduziert und geistige Möglichkeiten ausschließt.

Lass es uns in einem Beispiel anschauen:

Nehmen wir dazu das beliebte Thema einer Diät.

Du möchtest ein paar Kilo an Gewicht verlieren und suchst dir dazu die passende Diät, die mit einer Nahrungsumstellung zu tun hat. Du hast einen Plan entwickelt, welches Gewicht du erreichen möchtest und startest deine Diät.

Am ersten Tag bist du voller Elan.

Dein Ziel ist in deinem Denken und Fühlen verankert. Du kochst und isst auf andere Weise und alles läuft perfekt. Der zweite Tag kommt.

Die Gedanken an ein frisches Brötchen mehren sich. Beim Einkaufen fällt dein Blick auf all die Produkte, die du dir jetzt freiwillig versagst.

Du merkst, dass sich die Gedanken verschieben. Dein Ziel wird langsam schwammig, weil dein Denken vermehrt Erinnerungen an deine alten Essgewohnheiten produziert. Gedanklich schmeckst du schon wieder die Nahrungsmittel, die du sonst zu dir genommen hast.

Und das Wasser läuft dir im Mund zusammen.

Du weißt, wie es weitergeht.

Es passiert allen Menschen. Selbst denen, die eine Diät erfolgreich durchstehen. Schau sie dir einige Jahre später an und stelle fest, wer dauerhaft durchgehalten hat. Es sind die Wenigsten.

Woran scheitert es?

An fehlender Selbstliebe und einem inneren Programm, das gewohnheitsmäßig fehlerhafte Handlungen diktiert.

Wenn du die innere Liebesfähigkeit nicht spüren kannst, wird dein Handeln vom Gegenteil gesteuert.

Von Begrenzungen, Mangel, Frustration und Hilflosigkeit, die von vorangegangenen Generationen auch an dich weitergegeben wurden.

Du kannst in dieser Situation nicht sein, wer du bist, denn du kannst nicht frei entscheiden.

Deshalb wird dir eine Diät nicht helfen, weil du sie nicht umsetzen kannst. Nur mit dem Zugriff auf dein volles Potential könntest du deine Vorsätze einhalten und ausführen. Eingeprägte Sätze aus der Kindheit, die dein Vorhaben zunichte machen, könnten beispielsweise sein:

- Das kannst du nicht. (in der Kindheit auf eine konkrete Handlung bezogen, wirken diese Worte im Erwachsenenalter in allen Lebensbereichen)

- Du bist zu dick.

- Du wirst wohl nie tolle Proportionen haben.

- Das schaffst du nicht.

- Das ist zu anstrengend.

- Das hat doch keinen Sinn.

Kannst du erkennen, welche Auswirkungen ein einfacher Satz aus der Kindheit haben kann, obwohl er sich auf eine völlig andere Sache bezieht?

Bekommst du diese Aussagen über Jahre hinweg präsentiert, verinnerlichst du sie. Sie unterscheiden nicht zwischen Vergangenheit und Gegenwart.

Gefühl bleibt Gefühl und begrenzt deinen Lebensausdruck. Im Hier und Jetzt.

Um dein Selbstbewusstsein und deine so wichtige Selbstliebe zu befreien, musst du eine Sache wirklich verstehen:

Sobald du beginnst, nach deinen Wurzeln zu suchen, wirst du auf Widerstand stoßen. Widerstand in Form deiner konditionierten Programme.

Sie werden den Platz nicht freiwillig räumen. Manche

von ihnen waren auch zu deinem Schutz gedacht. Doch ein einfaches: „Das darfst du nicht!", kann dich dein ganzes Leben verfolgen und versagen lassen.

Lass mich dir noch ein Beispiel erzählen, damit du die Tragweite besser verstehen kannst.

Eine junge Frau hatte in ihrer Kindheit den Wunsch nach einem Haustier. Ihre Eltern gestatteten lediglich einen kleinen Hamster. „Größere Haustiere kommen uns nicht ins Haus!"

Als die besagte Frau erwachsen war, selbst Kinder hatte und in ein eigenes Haus zog, wollte sie eine Katze aus dem Tierheim zu sich nehmen.

Das Katzenzubehör und Futter waren gekauft, das Tier ausgesucht und es kam der Tag, an dem der Umzug aus dem Tierheim stattfinden sollte. Die Katze zog in ihr neues Zuhause ein und was passierte?

Die frisch gebackene Katzenbesitzerin wurde innerhalb von wenigen Stunden krank. Hohes Fieber, Erkältungssymptome und extreme Kopfschmerzen stellten sich ein und trübten das Willkommen im neuen Heim.

Der Grund für die plötzliche körperliche Reaktion?

Es ging um die Übertretung eines Verbotes aus der Kindheit. Größere Haustiere waren verboten und die junge Frau hatte sich mit ihrer Handlung eindeutig über dieses Verbot hinweggesetzt.

Nach drei Tagen waren die Symptome überstanden, aber dieses simple Beispiel zeigt, wie stark wir selbst im Erwachsenenalter den Worten aus unserer Kindheit unterworfen sind.

Der begrenzte Sinnesmensch

Wenn wir uns jetzt verschiedenen Übungen zuwenden, um uns den Zugang zum Inneren zu erschließen, dann darfst du dem Widerstand nicht nachgeben.

Die dich begrenzenden Glaubenssätze verlieren an Energie, wenn du sie zwar bemerkst, aber ihren Inhalten nicht folgst.

Möchtest du beispielsweise ein Buch schreiben, können dir gleich zu Anfang Gedanken in den Sinn kommen, die dir erzählen, dass du dafür nicht geeignet bist.

Solltest du dieser Aussage mit Selbstliebe begegnen

und dich davon überzeugen können, dass du sehr wohl dazu in der Lage bist, fällt der nächste „Angriff" subtiler aus.

Schriftsteller nennen es eine Schreibblockade, wenn ihnen der Gedanke in den Sinn kommt, keinen Anfang oder keine passende Fortsetzung zu finden.

Obwohl das gesamte Buch von Anfang an schon im geistigen Bereich existiert und innerlich nur „gelesen werden" muss, fehlt der Zugriff darauf.

Wer die Taktiken des Egos kennt, wird sich mit positiven und bestätigenden Aussagen den Weg zum vorhandenen Text bahnen. In dem Wissen, dass unterwegs weitere Angriffe in Form von Versagensängsten und deprimierenden Gedanken mit Sicherheit folgen werden.

Der Weg zu den eigenen Wurzeln ist nur etwas für Mutige. Weil du dich allem stellen musst, was nichts mit dir zu tun hat. Die Psychologie spricht nicht umsonst vom ÜBERWINDEN negativer Gedankenstrukturen.

Du darfst nicht gegen sie kämpfen, denn dann bekommen sie Aufmerksamkeit in Form von Energie und wachsen in ihrem Eigenleben. Du brauchst Mut, um deinen negativen oder begrenzenden Gedanken nicht zu glauben.

Deine Konzentration muss inmitten der lärmenden Gedankengänge den Weg zu deinen Herzenswünschen finden, diese festhalten und nähren, indem du immer wieder über sie nachdenkst und dich in ihre physische Erfüllung hineinversetzt.

Ohne dieses Wissen ist jede der folgenden Übungen zum Scheitern verurteilt. Weil du an deine Grenzen kommen und dort kapitulieren wirst.

Konzentrierst du dich auf dein Herz und versuchst, seinen Impulsen zu folgen, bekommst du es mit diesen Gedanken zu tun:

- Das ist alles Schwachsinn!

- Wie soll sich jemals etwas ändern?

- Jetzt mache ich die Übungen schon zwei Wochen und nichts hat sich getan!

- Ich hab gewusst, dass das nicht funktioniert.

- Das klappt vielleicht bei anderen, bei mir anscheinend nicht.

- Ich mache mich nur lächerlich.

- Meine Freunde wollen schon nichts mehr mit mir zu tun haben.

- Wer weiß, ob das wirklich stimmt.

Und viele Gedanken mehr.

Um deine Selbstliebe und dein Selbstwertgefühl zu befreien, brauchst du den Mut und die Geduld, alle entgegengesetzten Aussagen zu ignorieren und völlig unabhängig von dem zu denken und zu handeln, was dir deine Sinnesorgane über die entsprechende Situation mitteilen.

Du blickst nun über die momentanen Begrenzungen hinaus auf etwas, dass dir im Moment noch verschlossen ist.

Das Einzige, was dich lenkt und leitet, ist deine

Sehnsucht.

Du spürst, dass es möglich ist, frei zu sein.

Bedingungslos lieben und annehmen zu können.

Du kannst nichts tun, um dieser Mensch zu werden. Aber du kannst die Entscheidung treffen, der Mensch sein zu wollen, der du tief in deinem Herzen schon bist. Dann wirst du ein leichtes Erzittern spüren.

Etwas öffnet sich in dir und beginnt zu fließen. Hindernisse werden sich dir in den Weg stellen, von denen du jetzt weißt, dass sie nicht in den gegenwärtigen Moment gehören. Deshalb brauchst du dich vor ihnen nicht fürchten und kannst konsequent das Gute aus deinem Inneren einfordern.

Um in der Gegenwart leben zu können, hast du eine Verabredung mit deiner Vergangenheit.

Ist diese bereinigt und sind die Wunden geheilt, wirst du etwas Wunderbares erleben.

DICH.

Und deshalb fangen wir jetzt mit Übungen an, die den Widerstand, der deinem Herzensausdruck entgegensteht, in die Sichtbarkeit bringt, damit er dich nicht länger behindern kann.

Ein neuer Anfang entsteht aus einer Krise

Das Gefühl, sich verändern zu wollen oder zu müssen, entsteht immer aus einem Leidensdruck heraus. An irgendeiner Stelle deines Lebens ist zu wenig vorhanden oder möglich.

Du bist also an die Grenzen deiner fremderzeugten Persönlichkeit gestoßen.

Umgangssprachlich wird diese Stelle auch der „innere Schweinehund" oder die „Komfortzone" genannt, die überwunden werden muss.

Gehst du an dieser Stelle wie die meisten Menschen vor, wird es anstrengend und der Erfolg stellt sich oft nicht in der erwarteten Weise ein.

Warum?

Weil die Lösung auf der materiellen Ebene mithilfe des Willens erzwungen werden soll. Du kennst die Aussprüche, die dir sagen, dass du es nur wollen oder dich richtig anstrengen und nur durchhalten musst. Aber dieser Ratschlag ist falsch.

Handelst du in dieser Weise, passiert Folgendes:

Was du dir wünschst oder erreichen willst, wurde in dir nicht berührt.

Deshalb geht es dir nicht leicht von der Hand und du hast das Gefühl, diese Dinge nicht tun zu können. Also suchst du im Außen nach physischen Lösungen.

Nehmen wir das Beispiel einer Prüfung. Du hast dafür gelernt, aber trotzdem bist du unsicher, weil du nicht weißt, was gefragt werden wird. Eine falsche Antwort und der Abschluss erfolgt nicht mehr in der von dir erhofften Qualität.

Dein Verstand sagt dir in dieser Situation, dass du noch mehr und intensiver lernen solltest.

Was dich physisch an die Grenzen bringen wird, da du in deinem Inneren den Glaubenssatz trägst, es nicht zu schaffen.

Angst vor einer Situation bedeutet immer, dass du das Bild des Versagens in dir trägst. Du erwartest praktisch durchzufallen. Sobald du den Gedanken aufgreifst, dass etwas nicht klappen könnte, gibst du diesem Nahrung und die Situation wird sich in diese Richtung entwickeln.

Dein Wille, die Prüfung zu besteht, ist eine positive Aussage. Sie beinhaltet das Bild, dass du erreicht hast, was du dir vorgenommen hast. Dieser Gedanke existiert momentan bildlich gesprochen außerhalb deiner Möglichkeiten. Außerhalb deiner antrainierten Persönlichkeitsstruktur.

Du sitzt gerade zwischen zwei Stühlen. Die Umwelt und dein Herz fordern eine Aktion. Die auftretende Angst macht dir klar, dass du diese Fähigkeit mit einem „für-mich-nicht-machbar-Etikett" belegt hast. Dein Verstand begründet dir, warum du nicht handeln kannst (du bist zu jung oder zu alt, bist nicht qualifiziert, verfügst nicht über die notwendigen Mittel...).

Im Beispiel der Prüfung erklärt dir deine rationale Seite, dass du nicht genug Zeit investiert hast, zu spät mit dem Lernen begonnen hast oder dass das Ganze eine Nummer zu groß für dich ist. Versuchst du an dieser Stelle, mit deinem Willen weiterzukommen, arbeitest du gegen dich. Der negative Satz in deinem Inneren wird nicht verschwinden, weil du das **willst**. Wenn sich das, was du aussprichst, nicht mit dem deckt, was du in deinem Herzen fühlst, wirst du in zwei Richtungen gezogen und es ist nur eine Frage der Zeit, wann du physisch zusammenbrichst.

Außerdem wird ein angstvoll vor sich hin gemurmelter Satz: „***Ich muss das schaffen, ich muss das hinbekommen.***", genau das bewirken, was er beinhaltet – ein komplettes Versagen.

Der Gedanke wurde aus der Angst heraus geboren.

Du bist in diesem Moment nicht voller Optimismus und Zuversicht, sondern erwartest angstvoll dein Versagen. Und du bekommst genau das, was du in diesem Moment **bist**.

Das heißt, mit psychischer Gewalt verändert sich nichts. Sie kann nicht möglich machen, dass ausgegrenzte Ansichten und Fähigkeiten für dich wieder verfügbar werden.

Der Wille kann nur die Richtung vorgeben. Er rückt in den Fokus, was erreicht werden und umgesetzt werden soll. Aber er setzt diesen Prozess, etwas Neues in die bestehende Persönlichkeit zu ziehen, nicht in Bewegung.

Lass uns für eine Moment innehalten und folgenden Satz sagen:

„Ich kann mir alles kaufen, was ich brauche und möchte."

Was passiert dabei mit dir?

Dein Mund spricht diesen Satz aus, während es sich in deinem Herzen zusammenzieht. Darauf erfolgt ein Kommentar deines Verstandes, der da lautet:

„Ja, das hätte ich gerne, aber mein Kontostand gibt das nicht her!"

Selbst wenn du Multimillionär wärst, würde dieser Satz

dir Unbehagen bereiten.

Denn auch in diesem Fall gibt es mindestens eine Sache auf dieser Welt, die deine finanziellen Mittel übersteigen würde.

Vielleicht bräuchtest du sie nicht einmal, aber die Tatsache, dass es Dinge gibt, die das Bankkonto nicht finanzieren kann, wird für Widerstand gegenüber der genannten Aussage sorgen.

Zusammengefasst können wir sagen, dass es keine *Handlung* gibt, die dir helfen kann, eine bisher aus deiner Persönlichkeit ausgegrenzte Möglichkeit in dir aufleben zu lassen.

Wollen bringt dich nicht weiter.

Druck sorgt für physische Probleme.

Hartnäckige Tätigkeit lässt dich nur diesen Vorgang erleben, aber niemals das gewünschte Ziel.

Heißt das, dass du dich niemals von den auferlegten Konditionierungen befreien kannst? Dass du für immer mit diesen fremdbestimmten Begrenzungen leben musst und dich nicht weiterentwickeln wirst?

Alles steht dir zur Verfügung

Es scheint, als würdest du in einem Gefängnis sitzen und im Außen all die guten und wünschenswerten Dinge wahrnehmen, die du aber nicht erreichen kannst. Die Fülle ist da, doch du kannst sie nicht nutzen. Was ist zu tun?

Die Antwort lautet:

„Du kannst nichts tun, du musst der entsprechende Mensch SEIN!"

Und zwar bevor du etwas tun kannst.

Bleiben wir kurz bei dem Satz, dass du dir alles kaufen kannst.

Wenn du die Sache gründlich durchdenkst, wirst du zugeben, dass sich dein Inneres immer gegen diese Aussage sperren wird.

Egal, was du im Außen auch tust, selbst durch kurzzeitigen Erfolg in der Praxis wirst du dieses

Empfinden nicht los. Weil du auf Mangel und Begrenzung konditioniert wurdest.

Das ist dein anerzogenes Sein.

Aus ihm fließen deine Gedanken, Gefühle und Handlungen und es lässt sich nicht durch Handlungen verändern.

Die gute Nachricht ist, dass dir dein ursprüngliches Sein immer noch zur Verfügung steht.

Mit allen Möglichkeiten, die es bisher gab und jemals geben wird.

In spirituellen Kreisen wird an dieser Stelle vom Erweitern des Geistes gesprochen. Du kennst sicher die Geschichte vom Frosch im Brunnen, der eines Tages auf einen anderen Frosch trifft, der auf der Wiese lebt. Als dieser von seinem Umfeld schwärmt und vom Gras und dem kleinen Bach erzählt, bekommt der Brunnenfrosch große Augen. Er hat seinen Schacht nie verlassen.

Für ihn gab es immer diese Backsteinmauern und die Dunkelheit der Tiefe. Zu hören, dass es etwas anderes gibt, verwirrte ihn. Er hatte nie die Sonne oder den Wind auf seiner Haut gespürt.

Bunte Blumen, grünes Gras und kristallklares Wasser waren ihm fremd. Er hatte sie nie gesehen, deshalb glaubte er nicht an ihre Existenz.

So geht es uns Menschen ebenfalls, wenn wir nur von unseren Sinnesorganen bestimmt werden. Was wir erlebt haben, wird im Verstand als Erfahrung abgespeichert und bildet in späteren Jahren unser mögliches Handlungsrepertoire.

Jahrzehntelange, gleichförmige Arbeitsabläufe festigen das Gefühl, dass es nichts Neues geben kann.

Wir schaffen uns unsere Komfortzone, aus der wir, wie der Frosch, den Kopf nicht rausstecken werden.

Nur Menschen, die auf das leise Herzklopfen hören, werden mit Ahnungen, Visionen und Herzenswünschen versorgt. Sie sind diejenigen, die den Mut haben, zumindest zu akzeptieren, dass es noch mehr geben könnte.

Früher hieß es, dass die Welt eine Scheibe sei, heute ist allgemein akzeptiert, dass sie eine Kugel ist. Zuerst war diese Wahrheit nur eine Ahnung, auf die sich Physiker und Astronomen einließen. Später folgen Versuche, bis an den Rand der Welt zu segeln. Aus all dem wurde von einer Illusion auf die Wahrheit geschlossen.

Genau das vermittelt dir dieses Buch.

Du bist dem Irrtum erlegen, dass deine Ausdrucksfähigkeiten und Möglichkeiten begrenzt sind. Jahrelang hast du Menschen zugehört, die es selbst nicht besser wussten und damit auch deine Sicht vom Leben begrenzt und dich eingeschränkt haben.

Das ist der Werdegang in der heutigen Zeit und es macht keinen Sinn, darüber zu trauern oder sich zu fragen, was hätte sein können, wenn du anders aufgewachsen wärst.

Alles war richtig, denn es hat dich hierher gebracht. Zu diesem Buch, zu seinem Inhalt und damit ein Stück näher zu DIR.

Du kannst es nicht „erreichen"

Du beginnst zu verstehen, auf welche Weise du dich entwickelt hast. Obwohl dich dein bisheriger Lebensweg einschränkt, bringt er dich zu der Ahnung, wer du sein könntest, würde da etwas von dir abfallen, was anscheinend nicht zu dir gehört.

Jeden Tag gibst du dich (unbeabsichtigt) der Verurteilung hin. Du kritisierst deine Umwelt oder gehst mit dir selbst ins Gericht.

Das hat nichts mit der Liebe zu tun, die in deinem Herzen angelegt wurde und gelebt werden will. Wir haben den Blick von unserer Selbstliebe – dem liebenden Gefühl, das uns durchfließt und in Taten ausgedrückt werden will – abgewendet, weil wir dazu gedrängt wurden.

Wir haben aufgehört, jeden Tag dieses Fließen in uns zu erleben. Deswegen sind wir alle in der Welt unterwegs und suchen nach Liebe und Geborgenheit, die wir auf diese Weise nicht finden werden.

Selbst wenn wir Menschen begegnen, die uns bedingungslos lieben, würde uns das nicht helfen. Wir können Liebe nur mit einem geöffneten Herzen „empfangen".

Obwohl empfangen nicht das richtige Wort ist.

Ein Mensch, der in der Lage ist, Liebe zu empfinden, kann uns diese nicht „geben". Er kann unsere Liebesfähigkeit berühren.

Doch wir können es nicht fühlen, weil sich Liebe nicht empfinden lässt, solange wir in Form einer Persönlichkeit existieren, die fordert und ablehnt.

Widerstand gegenüber Menschen und Dingen ist das Gegenteil von Liebe. Denn sie ist die Akzeptanz einer Situation und das Wissen, dass sich alles ändert lässt. Widerstand hingegen lehnt den gegenwärtigen Moment mit seiner Erscheinungsform ab. Liebe und Widerstand sind entgegengesetzt gerichtet. Ein Mensch, der wütend und ärgerlich ist, macht aus der ihn immer durchströmenden Liebe eine abwehrende Energie, die sich gegen seine Umwelt richtet, aber zuerst sein eigenes Wesen durchströmt.

Deswegen kann uns kein Mensch das Spüren der Liebe schenken oder vermitteln.

Unser Fokus muss von allen Wertungen und Beschreibungen negativer Natur konsequent abgezogen werden. Dann empfinden wir die Urenergie als heilende, fürsorgliche, nährende und tröstende Liebeskraft, die unser Denken und Fühlen durchströmt und uns einen völlig neuen Charakter beschert.

Dieser Vorgang wird gerne als „Loslassen“ bezeichnet, obwohl der Begriff irreführend ist. Du kannst nichts tun, um deine begrenzende Sicht loszuwerden. Es gibt keine Handlung, nach deren Ausführung alles wieder gut ist.

Du musst den Blick von jeder Beurteilung abwenden, die eine Situation in eine gute und schlechte Seite unterteilt. Alles ist in jedem Moment richtig. Oft unerwünscht, aber dennoch richtig, denn wir haben die Situation erschaffen.

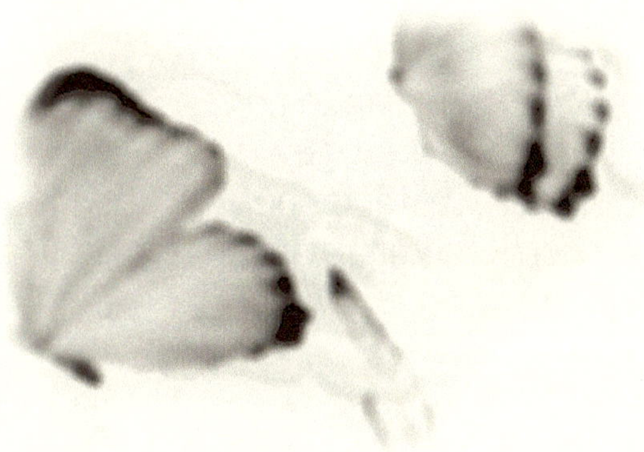

In den meisten Fällen ist uns nicht klar, dass wir der Urheber sind.

Die Umstände, die aufgrund unserer Gedankengänge entstanden sind, sind nur Auswirkungen und deshalb „richtig".

Jedes Wort und jeder Gedanke bringen das dazugehörige Gefühl und die entsprechende Handlung zum Vorschein. Wenn uns nicht gefällt, was wir sehen und erleben, muss uns bewusst werden, dass unser Innenleben Begrenzungen aufweist, die sich immer wieder in unserer Umwelt spiegeln.

Trotzdem sind die Umstände richtig, denn sie sind die Folge unseres Denkens.

Wird das verstanden, können wir uns entspannen und alles als das verstehen, was es ist – die materielle Sichtbarkeit eines Traumes, der in uns lebt und von dem wir (noch) keine Ahnung haben.

Alle Konditionierungen unserer Kindheit führen ein scheinbares Eigenleben, das uns das Leben zur Hölle macht. Wird das klar, können wir unser Leben aus diesem Blickwinkel ansehen und werden erkennen, dass genau das passiert ist.

Die negativen Aussagen anderer Menschen sind zu unserer Persönlichkeit geworden, die im Außen die entsprechenden Zustände hervorruft, um sich selbst in der physischen Realität als negativ und begrenzt erleben zu können.

Fazit:

Selbstliebe lässt sich nicht finden. Du kannst nur damit aufhören, dich selbst zu begrenzen und das funktioniert nur, wenn du dir deiner Begrenzung bewusst geworden bist.

Loslassen, damit du leben kannst – die radikale Annahme deines Selbst

Der Einfachheit halber gebrauchen wir den Begriff „Loslassen", obwohl es in Wahrheit um ein Hinsehen geht.

Dein wirkliches Wesen ruht unberührt in dir und wartet darauf, von dir akzeptiert zu werden.

Es ist hilfreich, dass du immer wieder folgende Wahrheiten auf dich wirken lässt:

- JEDEM Wort folgt ein Gefühl und eine gleichgeartete Handlung.

- Du wurdest fremdbestimmt.

- Aktionen der Umwelt sind deine sichtbar gewordenen Gedanken und Ansichten.

- Dein ursprüngliches Wesen ist frei und kann alles denken und tun, was es möchte.

- Alle Möglichkeiten stehen dir dein ganzes Leben zur Verfügung.

- Du bist ein Schöpfer, indem du Gedanken aufgreifst und sie bis zu ihrer Materialisierung gedanklich festhältst.

Es ist nicht einfach, auf diese Gedanken zuzugreifen, da sie unter deiner Pseudopersönlichkeit existieren.

Das bedeutet, dass du immer Schwierigkeiten bekommen wirst, wenn du etwas Größeres in dein Leben bringen willst.

Sei also auf den Widerstand gefasst, der in diesen Momenten aufstehen wird und erkenne ihn als das, was er ist: eine Reliquie überholter Konditionierungen.

Mit diesem Blickwinkel kann dir nichts passieren. Der Widerstand wird sich melden, aber er kann nicht mehr Besitz von dir ergreifen.

Er wird schwächer und schwächer, bis du ihn eines Tages nur als ein sanftes Ziehen in deinem Inneren wahrnehmen wirst, das dich nicht länger in deinem freien Handeln blockiert.

Dann fragst du dich nicht mehr, **ob** etwas Gutes passieren könnte. Du weißt es, weil du den entsprechenden Gedanken in dir gewählt hast und es ist nur eine Frage der Zeit, bis erscheint, was du beansprucht hast.

Die radikale Annahme deines wirklichen Selbst wird sich nicht von einem Tag auf den anderen vollziehen, obwohl auch das möglich ist.

Normalerweise wirst du ein Auf und Ab erleben. Wenn es dir gut geht und du ausgeglichen bist, weil deine Umstände harmonisch sind, ist es leichter, zu den positiven Ansichten in dir vorzustoßen.

Berührst du diese Aussagen in dir, meldet sich der Widerstand in Form von Zweifeln, rationalen Begründungen oder Lustlosigkeit. Während du bisher diesen Gedanken und Emotionen immer erlegen warst, ist es jetzt Zeit für den geistigen Kampf.

Was sich auch an abwehrenden Gefühlen oder gegensätzlichen Argumenten in dir meldet, sprich ihnen keine Existenz zu.

SEIN oder NICHTSEIN – für welche Stimme entscheidest du dich?

Lieben oder zweifeln?

Festhalten am neuen Gedanken oder sich von den begrenzenden Ansichten wie bisher überrollen lassen?

Wenn du loslässt, musst du deinem Geist einen neuen Fokus geben. Die bloße Abkehr von einem Gedanken wird ihn verfestigen und seine Auswirkungen verstärken.

Diäten sind das beste Beispiel dafür. Die Menschen sagen, dass sie abnehmen möchten, Gewicht verlieren und dadurch ein besseres, gesünderes Leben erreichen wollen. Welche Gedanken kursieren daher hauptsächlich im Kopf der Betroffenen?

- Ich muss abnehmen, das ist für meine Gesundheit wichtig.

- Ich darf diese Lebensmittel jetzt nicht essen.

- Ich muss eine kleinere Menge essen.

- Süßigkeiten sind verboten.

- Ich muss noch drei Wochen durchhalten.

Kannst du erkennen, was hier falsch läuft?

Jeder Satz hat mit Druck und psychischer Gewalt zu tun. Hier existiert keine Selbstliebe und jeder Erfolg ist zum Scheitern verurteilt, weil der Fokus auf den falschen Aussagen liegt. „Ich muss abnehmen" bedeutet im Klartext, ich bin zu dick.

Das ist die Wahrheit der fremdkonditionierten Persönlichkeit. Nicht was wir sagen, sondern was wir *meinen*, wird in unser physisches Erfahrungsfeld treten.

Die Angst, nicht abzunehmen, bewirkt zunehmendes Gewicht.

Das geschieht in allen Lebensbereichen.

In der **Partnerschaft** sagen wir, dass wir eine harmonischere Beziehung haben wollen. Die innere Wahrheit heißt also, dass unsere Beziehung gestört ist und wir uns in ihr nicht wohlfühlen.

Beruflich wollen wir uns ständig verbessern und aufsteigen, was den Gedanken zur Grundlage hat, dass wir mit der derzeitigen Situation unzufrieden sind.

Finanziell streben wir Freiheit an und sind ständig mit Gedanken konfrontiert, die uns sagen, dass das Geld nicht reicht, doch der Satz: „Ich muss mehr verdienen.", wird uns nur noch mehr Mangel bescheren (müssen).

Denn der Ursprung des Gedanken lautet:

„Ich habe nicht genug."

Der Ruck im Bewusstsein

Jetzt tauchst du in die Phase ein, wo du dich absichtlich für das Gute in dir entscheiden kannst, obwohl du es noch nicht fühlst und gleichzeitig bei diesem Versuch mit Widerstand konfrontiert werden wirst.

Vielleicht spürst du schon beim Lesen stellenweise eine innere Abwehr bezüglich der Aussagen.

Das liegt daran, dass bei dem Versuch, das Gute und

Unendliche in dir anzusprechen, gegenteilige Gedanken aus deiner Vergangenheit berührt werden.

Anfangs ist es wichtig, sich einzelne Glaubenssätze anzusehen und ihren Hintergrund zu verstehen. Nach einiger Zeit kannst du sie alle unter dem Begriff „Widerstand" zusammenfassen und dich von ihnen abwenden, um aus freiem Willen einem positiven Gedanken Lebensenergie zuzuführen.

Jedes Kind wurde in der Schule mit dem Satz: „Sein oder Nichtsein!", den Shakespeare schrieb, konfrontiert.

Während es Zensuren für die Interpretation oder inhaltliche Zusammenfassung gab, ist die wahre Bedeutung dieser Aussage oft nicht wirklich verstanden worden:

Was du dir innerlich gedanklich und gefühlsmäßig nicht vorstellst, kannst du auch nicht im Außen erleben.

Erst das SEIN und dann folgt das HABEN!

Was ist SEIN?

Lass es uns mit Beispielen verdeutlichen, denn das Sein hat keine konkrete Form, die man mit Worten beschreiben kann.

Erinnere dich an einen glücklichen Moment.

Dort hast du gesagt:

„Ich bin glücklich."

Hätte man nachgefragt, hättest du benennen können, warum du dich glücklich fühltest.

Vielleicht gab es eine Gehaltserhöhung, eine neue Liebe war in dein Leben getreten, in deiner Familie fand eine Versöhnung statt oder du hast einen alten Freund wiedergetroffen.

Normalerweise gehen wir davon aus, dass positive Umstände in unserem Leben eintreten und wir uns *deswegen* glücklich fühlen.

Das ist aber ein Trugschluss, der auf Unbewusstheit basiert. Auf der Unkenntnis, wie sich das Leben auf der stofflichen und nichtstofflichen Ebene sichtbar macht.

Tritt ein Umstand in unser Leben, den wir als angenehm empfinden, haben wir diesen zuvor durch eine positive

Empfindung geschaffen.

Was wir als positive oder negative Reaktion auf unsere Lebensumstände bezeichnen, ist in Wahrheit die Ursache für unsere nächste Lebenserfahrung.

Obwohl es den Anschein hat, dass wir eine gegenwärtige Situation beschreiben, wirken unsere Aussagen und Gefühle dennoch in Richtung Zukunft.

Die Situation ist schon vorbei.

Sie kann nicht wiederholt werden.

Wir beziehen uns mit unseren Aussagen auf etwas, das schon vergangen und abgeschlossen ist. Was wir jetzt aussprechen, richten **wir** zwar auf die vergangene Situation, aber das **Lebensgesetz** behandelt die Aussage ganz anders.

Es kreiert mit ihr eine neue (zukünftige) Situation, die dem Inhalt der Aussage entspricht.

Ganz praktisch:

Du triffst auf deine Familienmitglieder und während des Gespräches kommt es zum Streit. Du fühlst dich ungerecht behandelt und ziehst dich zurück.

Bei einem Freund oder einer Freundin schüttest du dein Herz aus und beschwerst dich über deine Familie, die dich nicht wertschätzt oder deine Lebensansichten nicht nachvollziehen kann. Du schilderst den Vorfall sehr emotional und wiederholst ihre Worte.

Bis alles aus dir hervorgesprudelt ist und du dich beruhigt hast.

Was ist in dieser Situation passiert?

Der Streit mit deiner Familie ist physisch betrachtet schon vorbei. Du bist nicht mehr bei ihnen und sprichst auch nicht mit deiner Familie.

Aus deiner Erinnerung ruft der Verstand die Szene erneut auf und bringt sie in Sprache.

Obwohl du denkst, eine Erfahrung wiederzugeben, gibst du der Lebensenergie in diesem Moment eine neue Form.

Die des vergangenen Streites.

Wenn du diese Wahrheit durchdenkst, bekommt das Wort „Loslassen" einen anderen Sinn.

Du bist aufgefordert, nicht über Situationen zu richten.

Kennst du den Satz: „Richtet nicht, damit ihr nicht gerichtet werdet."?

Er bedeutet inhaltlich genau die eben beschriebene Tatsache. Jedes Wort, egal ob es sich auf die Vergangenheit oder Gegenwart bezieht, wird sich als physische Form auswirken, die dir von jetzt an als deine Zukunft entgegenkommt.

Der Satz aus der Bibel bedeutet, dass du niemals auf eine Situation *reagieren* solltest, indem dein konditioniertes Wesen die Kontrolle übernimmt und negative Reaktionen hervorbringt, die sich auf vergangene Erlebnisse beziehen.

Bist du ein sehr emotionaler Mensch, wird es anstrengend, dich nicht von deinen Gefühlen überrollen zu lassen. Versagensängste, eine lieblose und leistungsorientierte Kindheit, traumatische Erlebnisse oder das Gefühl, ungeliebt zu sein, werden es dir schwer machen, dich selbst für eine Reaktion entscheiden zu können.

Du handelst spontan, aber nicht aus freiem Willen.

Das heißt, es ist dir nicht möglich, in der Situation anders zu handeln, als du es tust.

Das ist Fremdbestimmtheit, in der du weder auf deine Selbstliebe noch auf dein Selbstbewusstsein zugreifen kannst.

Lass uns noch ein weiteres Beispiel anschauen:

Jeder Schriftsteller kennt es, aber auch dir kann es passieren, wenn du einen Vortrag auszuarbeiten hast - die Rede ist von einer Schreibblockade.

Wenn wir davon ausgehen, dass alles Gute in dir vorhanden ist, dann existiert auch der gewünschte Text schon in nichtstofflicher Form.

Alles, was geschehen kann, ist seit Urzeiten als Möglichkeit angelegt. Autos, Flugzeuge und Computer existierten schon vor Tausenden von Jahren als

Möglichkeit im nichtstofflichen Bereich. Diese Dinge werden durch den Menschen sichtbar gemacht, mit der „Zauberformel"

Gedanke-Wort-Handlung.

Wenn du akzeptierst, dass deine Rede oder das Schriftstück schon existiert, dann musst du es in eine wahrnehmbare und sichtbare Form bringen, was der Mensch als **Denken** und **Aufschreiben** bezeichnet.

Es wird aber nicht funktionieren, wenn du im ersten Schritt **handeln** willst. Zuerst musst du SEIN.

Versuche, bei der folgenden Erklärung dabeizubleiben. Es ist nicht einfach, weil hier mit Worten etwas getrennt werden muss, was nicht der Dualität unterworfen ist. Aber es wird dich die Dinge klarer sehen lassen.

Was wäre in der genannten Situation dein Sein?

Der Zustand, in dem du nach Worten suchst?

Der Zustand, in dem du dich von einem Satz zum nächsten arbeiten musst und sich alles zähflüssig anfühlt?

Das ist NICHTSEIN.

Ein „Sein", das nicht mit dem erwünschten Zustand korrespondiert. Es sollte nämlich ganz einfach laufen.

Du setzt dich zum Schreiben hin und die Gedanken sprudeln nur so aus dir hervor. Mit jeder Zeile entsteht ein neues Aha-Erlebnis und bist du am Ende angekommen, hast du selbst noch etwas dazugelernt. Das ist SEIN für diesen konkreten Lebensausdruck.

Für die meisten Menschen läuft es aber nicht in dieser

Weise ab. Sie spüren intuitiv, dass da mehr sein könnte. Dass es leichter gehen und inspirierender sein müsste.

Sie werden diese Erfahrung aber nicht **haben** können, weil sie diese Erfahrung im Vorfeld nicht geschaffen haben. Genau das bezeichnet man als das Sein – im Geist die Erfahrung vorwegzunehmen und dadurch die dazugehörigen Gefühle aufzurufen.

Da wir an den meisten Lebenssituationen etwas auszusetzen haben, wirken sich diese negativen Gedanken immer stärker auf unseren Alltag aus. Deswegen wird das Leben von Jahrzehnt zu Jahrzehnt immer schwieriger und scheinbar sinnloser, weil sich die Dinge, die wir uns in der Kindheit erträumt haben, aufgrund unserer ständigen Reaktionen auf unser Leben immer weiter in die Ferne rücken.

Wie würde sich denn eine Schreibblockade lösen lassen?

Indem wir gedanklich nicht länger bei der Frage verweilen, wie der nächste Satz heißen sollte.

Wir schließen die Augen, stellen uns die positive Reaktion anderer Menschen auf unseren Vortrag vor und „berühren" diese zukünftige Erfahrung mit allen Sinnen.

Die Erfahrung soll für unsere Sinnesorgane erfahrbar werden. Menschen sollen einen Text hören, der ihr Herz berührt. Deswegen rufen wir dieses Bild in uns auf.

Es ist schon immer da, aber jetzt ist es Zeit, es auch innerlich zu berühren. Je klarer wir es in uns erfassen, je intensiver wir die Reaktionen anderer Menschen auf unsere Worte fühlen und hören, desto deutlicher ersteht die Situation in unserem Geist.

Du wählst die Realität, die du mit deinem Vortrag erfahren willst oder du wählst und berührst sie nicht.

Das ist Sein und Nichtsein.

Das Nichtsein – also das Dasein ohne einen berührenden Vortrag, wird dir alles schenken, was du zum Nichtsein brauchst. Keine Einfälle und Ideen, keinen Schreibfluss, keine mitreißenden Worte.

Wenn du dagegen in das immer vorhandene Sein dieser Situation eintauchst, erlebst du dich inmitten unzähliger Inspirationen, siehst die Zuhörer lächeln und bemerkst, dass sich Menschen während deiner Rede verändern. Sie haben hinterher das Empfinden, dass ihnen etwas Wichtiges geschenkt wurde, was sie noch gar nicht in Worte fassen können.

Sie haben das erlebt, was dich durchströmt hat.

Es waren Worte aus dem Sein, die mit Lebenskraft und Liebe aufgeladen waren und unterwegs sind, um etwas Gutes zu bewirken.

Für dich, weil sie zuerst durch dein Wesen gegangen sind, und für andere Menschen, deren Herzen dadurch berührt wurden.

Das bedeutet also:

Du kannst nicht haben, was du nicht bist.

Oder anders gesagt – du bekommst immer nur das, was du bist.

Egal ob in negativer oder positiver Hinsicht.

Du hast schon alles, was du brauchst und dir wünschst

Wenn wir kurz bei dem Beispiel mit dem Vortrag bleiben – wenn du dabei bist, mit deinem Selbst-Wert-Gefühl und deiner Selbstliebe in Berührung zu kommen, möchte ich dich nochmal an den Widerstand erinnern, der sich zeigen wird.

Die meisten Menschen, die etwas Schriftliches auszuarbeiten haben, schreiben aus ihrem Gedächtnis.

Also aus den Erinnerungen, die in ihrem Verstand gespeichert sind. Hier fließt nichts Neues oder Kreatives. Worten anderer Menschen, die nur wiederholt werden, fehlen Inspiration und Herzblut.

Diese Reden oder Vorträge sind einschläfernd und haben keinen Nutzen für den Zuhörer.

Wenn du dich solch einer Aufgabe gegenübersiehst, lass alle Überlegungen weg. Konzentriere dich auf das, was dieser Vortrag bewirken soll.

Lass alle Gedanken an den Text beiseite. Angestrengtes Nachdenken entspringt einem begrenzten Sein und niemand möchte von solch einem Vortrag gelangweilt werden.

Das Sein ist etwas Vorhandenes in dir.

Das bist du in deiner höchstmöglichen Form, obwohl es streng genommen keine Form im Sinne einer Gegenständlichkeit ist.

Sprachlich bewegen wir uns hier im Grenzgebiet, denn die allgegenwärtige Einheit kann nicht mit sprachlichen Mitteln ausgedrückt werden, da Sprache nur im dualen Raum existiert.

Aber lass es uns trotzdem versuchen, mit Worten zumindest eine Ahnung zu erzeugen.

Das Sein schenkt dir die Möglichkeit, jeden gewünschten Zustand in Form und Gefühl zu erzeugen. Umgangssprachlich wird dazu gesagt, dass du dir etwas **vorstellen** sollst.

Betrachtet man das Wort genauer, lassen sich die

Wortstämme „vor" und „stellen" erkennen. Daraus lässt sich ableiten, dass du zuerst in deiner Vorstellung eine Erfahrung erschaffen musst, ehe diese anschließend physisch „vor dir steht".

Vor der physischen Erfahrung steht die geistige Vorstellung.

Mit dieser Erklärung dürfte auch einleuchten, warum die meisten Menschen nicht über genügend Geld verfügen, nicht den für sie perfekten Arbeitsplatz haben, keine harmonischen Beziehungen führen und in einer begrenzten materiellen Welt keine Lösungen und Möglichkeiten sehen.

Was wir erleben wollen, muss zuerst im Inneren gesehen, gehört, gefühlt und „geschmeckt" werden.

Hier ist der Beginn jeder physischen Erfahrung.

Wir machen jeden Tag Bekanntschaft mit diesen Lebensregeln, allerdings in negativer Form. Weil wir durch unser unbewusstes Verhalten immer wieder die Situationen erschaffen, die wir gar nicht erleben wollen, indem wir uns beständig über unser Leben und Gott und die Welt beschweren.

Selbst wenn du mit diesen Wahrheiten schon einige Zeit unterwegs bist, wirst du immer noch mit dem bereits erwähnten Widerstand konfrontiert werden.

Du kannst ihn ganz einfach erkennen, denn er hat nicht viele Verkleidungen.

Beginnst du ein neues Projekt, können folgende Gedanken oder materielle Zustände auf dich zukommen:

- Du beginnst, deine Arbeit zu verschieben.

- Du erklärst dir selbst, was du im Vorfeld noch alles brauchst, statt sofort anzufangen.

- Es mangelt an finanziellen Mitteln.

- Du hast das Gefühl, andere Menschen zur Unterstützung zu brauchen.

- Du wirst von physischer oder psychischer Müdigkeit geplagt.

- Du bleibst nur kurzzeitig an deinem Projekt und lässt dich immer wieder auf andere Dinge ein.

- Du übernimmst mehrere Dinge gleichzeitig, sodass du nicht schaffen kannst, was du dir vorgenommen hast.

- Du kümmerst dich um andere Dinge und kannst Termine schließlich nicht einhalten.

Erinnere dich bitte – dieses Verhalten hat nichts mit dir zu tun.

Hier sind fremdbestimmte Verhaltensmuster am Werk, unter deren Auswirkungen du zu leiden hast.

Es geht jetzt nur um die Frage, ob du dich von ihnen überrollen lässt oder an dieser Stelle bewusst einen neuen Weg gehst.

Wenn du merkst, dass du bei einer Aufgabe nicht weiterkommst und spürst, wie alles auf Widerstand schaltet, tritt einen Schritt zurück.

Zieh dich also nicht von der Aufgabe zurück, sondern

nimm dem Widerstand den Wind aus den Segeln.

Du benötigst in diesem Moment deinen inneren Frieden und brauchst für dich passende Wege, um in diesen eintauchen zu können.

Vielleicht ist Essen ernährungstechnisch betrachtet nicht das erste Mittel der Wahl, trotzdem kann ein gesunder Snack den Fokus verrücken und außerdem deine Batterien auffüllen, an denen psychischer und physischer Widerstand stark zehren.

Es geht um innere Entspannung, die du auch durch eine Dusche, ein Bad, das Hören von Entspannungsmusik, das Lesen einiger Seiten in einem inspirierenden Buch oder einen kurzen Filmausschnitt erreichen (in dir berühren) kannst.

Der Widerstand - also alle Sätze deiner Kindheit, die dir erzählt haben, dass und warum du bestimmte Dinge nicht bekommst und nicht kannst – wird schwächer, wenn du den Blick von ihm abwendest.

Mit dem bisher vermittelten Wissen ist dir jetzt klar, dass du zwar seinen fremdbestimmten Inhalt kennen solltest, dass sich dabei aber nur die Gedanken und Ansichten anderer Personen in dir melden, die du ignorieren kannst.

Keine Angst, wenn sich „gesunder" Widerstand in dir

melden sollte, der dich vor bestimmten Handlungen schützen soll, dann wirst du diesen erkennen. Er fühlt sich nicht nach dem Druck der grenzüberschreitenden Fremdbestimmung an.

Es ist in diesem Fall viel eher eine sanfte Mahnung in deinem Inneren.

Selbstliebe und ihre Äußerungen sind immer „weich" und verursachen auch in ernsten Situationen kein Druckgefühl.

Du wirst dich in diesen Momenten kraftvoll durchsetzen können und gleichzeitig friedvoll und entspannt fühlen.

Meldet sich Widerstand, der dich behindert, dann wende deinen Blick ab.

Sind dir damals Grenzen auferlegt und Worte gesagt worden, die dich kleiner und abhängiger gemacht haben, konntest du dich nicht wehren. Du musstest die Menschen und Situationen aushalten, weil es als Kind nicht anders möglich ist.

Findest du dich heute in ähnlichen Situationen wieder, hast du die Wahl, obwohl es sich zuerst nicht danach anfühlen wird.

Es ist deine Aufgabe als Mensch, zu dem zurückzufinden, was von der Natur in dich hineingelegt wurde und nicht länger ein Opfer deiner Umstände zu sein.

Was du an Fähigkeiten, Möglichkeiten oder Mitteln brauchst, ist schon vorhanden, denn du kannst es auf der gedanklichen Ebene erfassen. Was du dort nicht erkennst, ist dir (noch) nicht verfügbar.

Trotzdem existiert alles, was bis heute erfunden wurde und jemals entdeckt werden wird in einem unsichtbaren Feld.

Für dich ist es wichtig, dass du dich mit diesen Tatsachen beschäftigst.

Übe dich darin, die guten Dinge in deinem Leben zu sehen.

Dadurch berührst du sie und sie haben die Chance, sich in deinem Leben auch auf materieller Ebene auszubreiten.

Was dir anschließend die Erfahrung des physischen Habens beschert.

Ohne Sein kein Haben.

Schreib dir diesen Satz auf und hänge ihn an die Tür.

Das ist der Schlüssel zum Berühren deines Seins, in dem dein Selbstwertgefühl und deine Selbstliebe zu Hause sind.

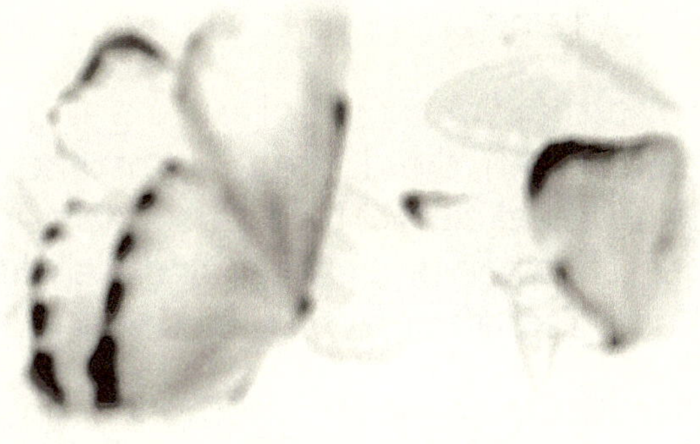

Warum Anleitungen und 10-Schritte-Programme dir nicht helfen können

Wenn du nicht weißt, dass dich der spirituelle Weg zuerst zu einem Widerstand führt, werden dir Anweisungen von Außen nicht helfen.

Es geht nicht darum, wie du ein Programm absolvieren kannst, es geht um die Wahrnehmung, dass du es *nicht* kannst.

Zumindest nicht mit dauerhaftem Erfolg.

Egal wie langfristig ein Plan oder ein Programm angelegt ist, solange du mit alten Konditionierungen behaftet bist, wirst du Widerstand zu spüren bekommen.

Kennst du die Ursachen dieser Gefühlsregung, kannst du damit arbeiten, ohne dagegen kämpfen zu müssen. Hast du keine Kenntnis von diesen Abläufen, wird dich der Widerstand ausbremsen und dein Vorhaben zum Scheitern bringen.

Die meisten Programme scheitern an einer ganz einfachen Wahrheit: ihr Inhalt und Aufbau sind nicht dein Weg.

Für jedes Problem in deinem Leben gibt es eine Lösung, die komplett und einzigartig auf DICH zugeschnitten ist.

Stufenprogramme machen ganz klare Handlungsaussagen, die du unter Umständen nicht umsetzen kannst, weil sie nicht aus dir, sondern aus einem fremden Menschen hervorgegangen sind. Sieh dir einfach unsere Schullandschaft an.

Fast täglich werden neue Lernmethoden „entwickelt".

Wie können du oder deine Kinder aus dieser Masse die für euch richtige Methode finden?

Die Antwort ist einfach.

Es gibt in der äußeren Welt keine für euch passende Methode, weil jeder Mensch seine eigene Lernmethode mitbringt.

Manchmal können sich Menschen gut auf vorgegebene Programme einstellen, weil sie der eigenen Lernart ähnlich sind. Schaut man sich die Ergebnisse aber längerfristig an, lässt sich erkennen, dass es in keinem Fall langfristig funktioniert.

Jedes Programm ist auch eine Fremdbestimmung, weil es von einem anderen Individuum entwickelt und ausschließlich für diesen Menschen geschaffen wurde.

Es kann für dich sogar hilfreich sein, ein solches Programm auszuprobieren.

Damit du die Erfahrung machst, dass es dir nicht das Gewünschte bringen kann.

Was du auch tun willst, erfolgreich kannst du nur sein, wenn du **jedes gewünschte Ergebnis in dir innerlich vorwegnimmst**.

Tust du das nicht, wirken deine antrainierten Muster und geben dir, was du nicht möchtest, aber den fremdbestimmten Inhalten entspricht.

Je mehr du auf deine Gedanken und Gefühle und deren Ursprung achtest, desto mehr scheint dein wirkliches Sein durch deine momentane Persönlichkeit hindurch.

Du wirst ruhiger, angstbesetzte Situationen lassen sich immer einfacher und schneller lösen.

Die Momente, in denen du dich hilflos gefühlt hast, werden weniger und du findest schneller wieder Boden unter den Füßen. Was dich vor Jahren für Monate aus der Bahn geworfen hätte, ist jetzt an einem einzigen Tag überwunden.

Mehr Liebe und erfolgreichere Handlungen zeigen sich ab dem Moment in deinem Leben, in dem du deine Aufmerksamkeit von den begrenzenden Gedanken des Unmöglichkeitsdenkens abziehst und dir erlaubst, die Lösung des Problems zu betrachten.

Anfangs ist es neu und mag schwierig erscheinen, seine Gedanken und Gefühle zu beobachten.

In unserer Kultur leben Menschen überwiegend im Verstand. Angenehme Gefühle werden zur Entspannung durch entsprechende Handlungen hervorgerufen und mit diesen verknüpft. Dadurch gerätst du in eine Opfermentalität, bei der die Umstände dein Leben bestimmen, obwohl es umgekehrt sein sollte.

Dass dein Wohlbefinden völlig unabhängig von allen Umständen ist, sofern du deine Gedanken selbst auswählen kannst, dürfte den meisten Menschen nicht bekannt sein.

Wir sind mit unserer Wahrnehmung zu sehr auf Formen fixiert und haben das Wissen verloren, dass alles miteinander in einem nichtstofflichen Ursprung verbunden ist.

Dieses Wissen ist seit Einstein und Newton bekannt, aber es wird nicht gelehrt, obwohl es Grundwissen sein müsste.

Noch sind wir nicht soweit, dass diese Wahrheit von vielen Menschen aufgegriffen wird. Aber wir leben in der Zeit des Wandels.

Immer mehr Menschen stellen sich die Frage, warum die Dinge nicht funktionieren und wie sich wirkliche Veränderungen schaffen lassen.

Deswegen ist es wichtig, dass Menschen wie du dabei sind aufzuwachen und Unterstützung bekommen, wo es nur geht.

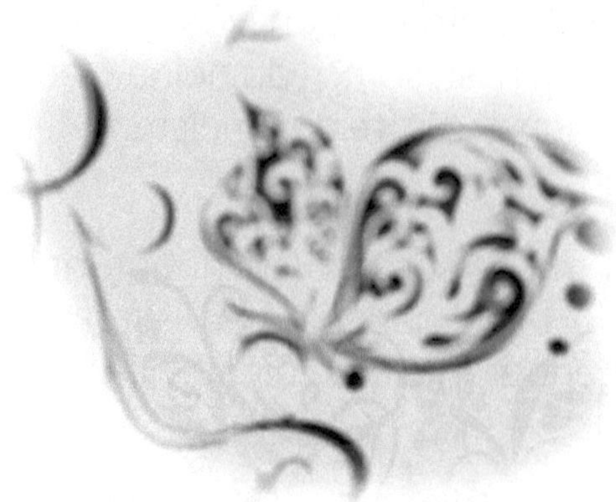

Morgenschreiben – eine Übung zum Reflektieren

Um dein Leben so leben zu können, wie es in deinem Herzen angelegt ist, musst du dich wieder mit deiner Selbstliebe und deinem Selbstbewusstsein verbinden.

Du kannst es nicht oft genug hören und lesen, dass deine Verbindung zu deinem inneren Selbst durch Fremdeinwirkung überlagert wurde und dein versuchtes positives Denken und Handeln in jedem Moment in Form von Widerstand attackiert wird.

Lass uns jetzt darüber sprechen, was du ganz konkret tun kannst, um mit diesem Widerstand und den Gedanken umzugehen, die nicht zu dir gehören.

Dazu möchte ich dir eine Übung vorstellen:

Das „**Morgenschreiben**".*

Vielleicht hast du an dir schon beobachtet, dass du direkt beim Aufwachen in einer ganz bestimmten Stimmungslage bist. Je weiter deine Entwicklung fortgeschritten ist, desto klarer und ruhiger werden deine

Gedanken morgens sein, sodass du wählen kannst, mit welchen Gedankengängen du den Tag beginnst.

Aufgrund dieser Gedanken wird sich dein Tag nämlich entwickeln. Viele Erlebnisse die du an diesem Tag machen wirst, hängen mit angstvollen oder ärgerlichen Momenten in der Vergangenheit zusammen, die am heutigen Tag ihren physischen Ausdruck erfahren.

Am Anfang deines Weges zu dir selbst, gehen dir morgens viele Gedanken durch den Kopf, die du scheinbar nicht steuern kannst.

Das Morgenschreiben ist eine perfekte Möglichkeit, dich bei deinen ersten, reflektierenden Schritten zu unterstützen und dich Stück für Stück von deinem gedanklichen Kopfkino zu trennen.

Bis zu der Erfahrung, dass du Gedanken hast, aber diese nicht bist. Du kannst noch nicht ermessen, welche Erleichterung diese Erfahrung für dich bedeuten wird. Aber dein Leben wird danach sehr viel leichter, spontaner und lebensfroher sein.

Das Morgenschreiben ist ganz einfach, hat aber tiefgreifende Auswirkungen. Jeden Morgen hältst du nach dem Aufstehen schriftlich fest, was dir durch den Kopf geht.

Bring den inneren Monolog zu Papier und schau, was daraufhin passiert.

- Die von uns entwickelten Morgenseiten findest du unter www.Morgenseiten.com

Warum solltest du das morgens tun?

Weil dies der Zeitpunkt ist, an dem deine Gedanken noch nicht von den äußeren Umständen beeinflusst wurden. Es sei denn, du schleppst schon einige Zeit ein Problem mit dir herum. Dann wird das zuerst in deinen bewussten Gedanken auftauchen.

Wie kann solch ein Morgentext aussehen? Dazu ein Beispiel, wenn du noch ganz am Anfang der Beobachtung deines Inneren stehst.

„So, jetzt sitze ich hier aber hätte lieber eine halbe Stunde länger geschlafen, als aufzuschreiben, was in mir vorgeht. Außerdem geht nichts in mir vor.

Nichts, dass ich gerade fühlen kann.

Oder doch, Moment, müde sein ist ja auch ein Gefühl. Obwohl ich lieber beim Aufwachen fit und ausgeschlafen wäre. Nicht so wie sonst immer gerädert aufwachen müssen. Und die Dunkelheit frühmorgens fördert auch nicht die Lust aufzustehen.

Schreibe ich jetzt das Richtige auf? Muss ich mich eher auf was anderes konzentrieren?

Ist denn da noch etwas anderes?

Was soll denn dabei rauskommen? Oh, ich darf nicht vergessen, Micha anzurufen. Sonst klappt das Wochenende nicht. Ach, und Milch steht noch nicht auf meinem Einkaufszettel. Fahre ich vor der Arbeit oder erst danach zum Einkaufen. Nachmittags ist es immer so voll, also besser gleich jetzt.

Ach herrje, ich sollte ja beobachten, was ich denke und fühle. Hab ich glatt vergessen. Jetzt hab ich keine Zeit mehr, dann also morgen weiter."

So ähnlich könnten deine ersten morgendlichen Zeilen aussehen.

Auch wenn du ihnen keine tief schürfenden Erkenntnisse entnehmen kannst, wenn du dir deine Gedanken durchliest, versetzt du dich automatisch in die Position des Beobachters.

Im weiteren Prozess gewöhnst du dich immer mehr an das Beobachten deiner Gedanken.

Plötzlich geschieht es nicht nur während des Schreibens, sondern auch im Laufe des Tages. Du tauchst immer intensiver in die Beobachterrolle ein, bis du bemerkst, dass du regelmäßig ein inneres Zwiegespräch führst.

Das sind die Anfänge deiner inneren Befreiung und das Auftauchen von Selbstliebe und Selbstbewusstsein.

Dein eigenes Bewusstsein verschafft sich wieder Gehör.

In dieser Energie ist dein Lebensweg aufgezeichnet, der sich als Visionen und Herzenswünsche bemerkbar macht. Du hörst also keine Stimmen und stehst auch nicht unmittelbar vor einer Psychose, es gibt lediglich eine „Unterhaltung" zwischen deiner fremdbestimmten Struktur und deinem eigenen Bewusstsein.

Während du früher von Gedanken und Emotionen überrollt wurdest und dich im Nachhinein gefragt hast, wie die Situation so hat entgleisen können, spürst du jetzt die Emotionen, die sich gegen dein wirkliches Ich auflehnen, schon in ihrem Anfangsstadium.

Lass uns noch ein Beispiel des Morgenschreibens anschauen, wenn du dich schon einige Zeit damit beschäftigt hast. Dann könnte Folgendes auf deinem Papier stehen.

„Heute würde ich am liebsten im Bett bleiben, um mich nicht mit meinem Arbeitskollegen auseinandersetzen zu müssen. Ich fühle mich durch sein Verhalten und seine Äußerungen verletzt und möchte am liebsten nicht in seiner Nähe sein.

ABER ich weiß ja jetzt, dass meine Gedanken meine Gefühle hervorrufen.

Also ist mein Gefühl, dass es mir gut geht, nicht von meinem Arbeitskollegen und seinem Verhalten abhängig.

Ich entscheide mich jetzt, mir meinen Frieden zu erhalten. Das bedeutet, dass ich mich nicht mehr um das negative Verhalten des Menschen kümmere und es auch nicht mehr bewerte, sondern dass ich mich mit meinen eigenen Gefühlen beschäftige.

Ich weiß, dass dieser Mensch familiäre Probleme hat. Er fühlt sich nicht gut und hat in der Vergangenheit sicher kaum Bestätigung erhalten.

Anstatt sein Verhalten zu verurteilen, sollte ich mich erinnern, dass ihm scheinbar etwas fehlt und er deswegen so egoistisch auftritt. Er kann mir mit seinem Verhalten weder meine gute Laune nehmen, noch muss ich mich in seiner Nähe minderwertig fühlen. Ich erkenne, dass er aus einem inneren Mangel heraus versucht zu kompensieren. Ich weiß, dass er auf diese Weise weder Anerkennung noch Verständnis erfahren wird. Aber ich entscheide mich, ihm heute davon etwas zukommen zu lassen, wenn sich die Möglichkeit bietet.

Auf diese Weise bleibe ich entspannt und bei mir selbst und tue uns beiden etwas Gutes.

Ja, das war ein wirklich schöner Gedanke am frühen Morgen und der Tag wird damit perfekt.

Ich werde vor der Situation auch nicht kneifen, im Gegenteil, jetzt fühlt sich alles ganz einfach an.

Mein Herz klopft gerade vor Freude und habe ich Lust aufzustehen und sofort zur Arbeit zu fahren. Weil ich diesen Gedanken sofort umgesetzt sehen möchte."

Kannst du erkennen, was sich verändert hat?

Wenn du deine Gedanken über einen längeren

Zeitraum reflektierst, trittst du aus ihnen heraus.

Oder anders gesagt haben sie nicht mehr die Kraft, dich zu vereinnahmen und dir ihren Inhalt in Form einer Handlung aufzuzwingen.

Je mehr du zum Beobachten zurücktrittst, desto mehr wird dir die in dir wohnende Liebe bewusst.

Du wirst von ihr durchflutet, was einen enormen Motivationsschub entstehen lässt und dir endlich das Gefühl gibt, dass alles gut werden kann, weil scheinbar alles gut IST.

Möchtest du die Morgenseiten mal ausprobieren, gehe zu www.Morgenseiten.com

Das Wort wird zur physischen Form

Das klingt im ersten Moment alles etwas theoretisch, aber sobald du diese Dinge tust, wirst du verstehen, warum sie dir helfen werden.

Die wenigsten Menschen fragen dich nach dem, was du denkst.

Du wirst dir diese Aussagen alle selbst bestätigen müssen. Aber du hast nichts zu verlieren, nur dein Leben zu gewinnen.

Die Veränderungen lassen sich zuerst in deinem Inneren erkennen. Je mehr du den Widerstand wahrnimmst, statt ihm nachzugeben und ihn zu leben, desto wärmer wird dein Herz.

Deine Lebensenergie wird immer weniger von einschränkenden Glaubenssätzen unterdrückt, was dich Erleichterung spüren und ein positiveres Lebensgefühl erahnen lässt.

Bitte erinnere dich wieder: du kannst deine Selbstliebe und dein Selbstwertgefühl nicht durch irgendeine Handlung erreichen oder maximieren.

Sie ruhen in perfekter Verfassung in dir.

Bereit, sich durch dich zu zeigen.

Du wirst mit jeden Tag leichter erkennen, welche Aussagen dich davon abhalten, sie zu fühlen und auszudrücken. Liebe macht sich als Verständnis, Geduld, Respekt, Anerkennung und Fürsorge bemerkbar.

Begrenzende Glaubenssätze lassen dich zweifeln und

egoistisch, misstrauisch und ängstlich sein. Diese Gefühle entspringen nicht deinem echten Selbstwertgefühl. Ihre Ursache ist in einer begrenzten Gedankenstruktur zu finden.

Deshalb kannst du auch nicht zu mehr Selbstbewusstsein kommen, weil es dir nie verloren gegangen ist.

Du musst innerlich nur ein wenig saubermachen, indem du die falschen Strukturen als das entlarvst, was sie sind:

Begrenzungen, die in anderen Menschen aufgrund von Ängsten und Zweifeln entstanden und an dich weitergegeben wurden, ohne zu hinterfragen, ob sie hilfreich oder zerstörerisch sind.

Je klarer du mit der Zeit zwischen deinem Selbst und fremden Gedanken unterscheiden kannst, desto freier wirst du!

Die Morgenseiten sind hierfür eine der kraftvollsten Methoden.

Je unbewusster dein Gedankenstrom ist, desto stärker wirst du zum Spielball des Lebens. Du wachst morgens mit Tausenden von Fragen auf, aber du kannst sie nicht beantworten.

Im gebundenen Zustand sind deine häufigsten Aussagen:

- Das kann ich nicht

- Ich traue mich nicht

- Ich weiß das nicht

- Das geht nicht

- Ich weiß nie wie

- Ich komme nicht voran

Zu sagen, dass du diese begrenzenden Aussagen loslassen sollst, wird in den meisten Fällen nichts helfen.

Was in den ersten sieben Lebensjahren in dir angelegt wurde, hat sich zu einem festsitzenden Programm entwickelt.

Es gibt Menschen, bei denen eine Verneinung dieser Glaubenssätze funktioniert. Deshalb solltest du auch diese Möglichkeit in Betracht ziehen und sie ausprobieren, wenn du gelernt hast, deine inneren Stimmen zu unterscheiden.

Nehmen wir an, du musst zu einem Gespräch, vor dem du dich fürchtest.

Die erste Frage wäre, warum hast du Angst?

Was könnte im schlimmsten Fall passieren?

Welche Konsequenzen fürchtest du?

Ist rational geklärt, wovor du Angst hast (als Mensch abgelehnt zu werden, den Job zu verlieren, im Gespräch zu versagen...), sprichst du laut gegen diesen Gedanken.

Zum Beispiel in der folgenden Weise:

„Ich werde mich jetzt nicht länger fürchten. Dieses Gefühl stellt die Situation nicht richtig und hilft mir nicht weiter. Ich entscheide mich jetzt, das Gefühl loszulassen und mich auf einen guten Ausgang einzustellen.

Probiere diese Handlungsweise aus, wenn dich Gedanken der Angst und Hilflosigkeit quälen.

Manchmal braucht es das Sprechen, um herauszufinden, was das Problem ist.

Ein anderes Mal ist ein konkreter Befehl notwendig, um Gedanken von dir zu lösen.

Je mehr du dich mit deinem Weg beschäftigst, desto mehr Hilfestellung erhältst du aus deinem Inneren. Auf der Suche nach deinem Selbst werden dir Inspiration, Erkenntnisse und Möglichkeiten geschenkt, die dich erfolgreich sein lassen und dir wachsende Klarheit schenken.

Dann kann es geschehen, dass sich zuvor gefürchtete Situationen erneut einstellen, aber deine Angst wie weggeblasen ist.

Du übernimmst auf diese Weise immer mehr die Herrschaft über dein Denken.

Das bedeutet, dass DU immer mehr zum Vorschein kommst, während die begrenzten Ansichten anderer Menschen immer mehr verstummen.

Je mehr Klarheit du entwickelst, desto größeren Herausforderungen wirst du gegenüberstehen. Aber es wird der Punkt kommen, an dem du weißt, dass es nur noch auf deine Einstellung ankommt.

Dass immer das Beste für alle geschehen wird, auch wenn sich eine Situation anders verändert als gedacht.

Auf diesem Weg wirst du dich verändern. Einige Menschen werden vielleicht mit deiner Lebensweise nichts anfangen können.

Du kannst dich darauf nicht vorbereiten, denn Gefühle lassen sich nicht vorwegnehmen.

Machst du den ersten Schritt, kannst du nicht mehr zurück. Entwicklung vollzieht sich nicht rückwärts, sie nimmt dich mit auf die Reise zu dir selbst. Durch die Hölle fremdgesteuerter Gedanken, an einen Ort der inneren Liebe und Zuversicht.

Dein wirkliches Selbst ist vollkommen

Lass uns jetzt ansehen, wie das morgendliche Schreiben aussehen könnte, wenn du schon einige Zeit dabei bist und viele der negativen Denkmuster von dir abgefallen sind:

„Ich wähle für den heutigen Tag absichtlich gute Gedanken. Was ich mir vornehme, wird gelingen. Weil jedes Wort zu einer Erfahrung wird.

Ich sehe das Gute in allen Menschen, die mich umgeben und mit denen ich heute zu tun haben.

Auch sie tragen Selbstliebe, Frieden und alle Möglichkeiten in sich und es ist nur eine Frage der Zeit, bis sie sich dessen bewusst werden.

Ich erlebe Freude und Glück, wo gestern noch Chaos herrschte. Wenn ich etwas tun kann, um dabei zu helfen, bin ich bereit, das Richtige zu tun. Vielleicht wird Widerstand auftreten, aber davon lasse ich mich nicht mehr erschrecken.

Ich kann in jedem Moment aussprechen, was ich brauche und darauf vertrauen, dass genau diese Dinge in mein Leben kommen.

Damit ich sein kann, wer ich bin.

Es wird ein wunderbarer Tag.

Für mich und meine Mitmenschen. Ich bin dankbar, dass es so ist und immer sein wird. Dass ich aus einem gedanklichen Gefängnis aufgewacht bin und innerlich wie äußerlich frei bin. Was ich heute noch übe, wird sich morgen physisch zeigen. Ich bin am Lernen, für mich und alle Menschen dieser Welt.

Ich beanspruche Harmonie und Liebe in all meinen zwischenmenschlichen Beziehungen.

Ich liebe meine Familie und sie liebt mich.

Ich lege nicht fest, in welcher Weise sich die Liebe zwischen uns Ausdruck verleiht.

Es wird geschehen und ich erkenne es. Ich wähle Harmonie und was immer jetzt kommt, wird sich für mich und alle anderen gut anfühlen."

An diesem Punkt ist Folgendes passiert:

Du spürst von Zeit zu Zeit belastende Gedanken oder Gefühle in dir.

Du nimmst sie zur Kenntnis, aber du lässt nicht zu, dass sie in dein Denken eindringen und entsprechend ihrer Frequenz in dir arbeiten und sich zum Ausdruck bringen.

Du sprichst Dinge über den kommenden Tag und dein Leben aus, die geschehen sollen, weil sie deinem Herzen entstammen.

Aus dem Ort, der dich mit dem gesamten Leben verbindet und dieses in dich einfließen lässt. Hier weißt du intuitiv, was gesagt oder getan werden soll.

Du „siehst" deine Lebensgeschichte und bringst sie auf physische Weise in der materiellen Welt zum Ausdruck. Du bist im wahrsten Sinne „jenseits von Gut und Böse", denn in deinem Herzen lebt der Selbstausdruck, der frei von Dualität ist.

Wie ist das gemeint?

Wenn du die Angst in dir beobachtest, kannst du als Beobachter nicht ängstlich sein.

Du kannst nur wahrnehmen, was du nicht bist.

Entwickelst du dich zum Beobachter deiner Gedankenwelt und der daraus resultierenden Handlungen, passiert etwas Interessantes.

Was du bisher abgelehnt hast, kannst du plötzlich „ertragen".

Es stimmt immer noch nicht mit deinen Werten überein, aber es lässt sich tolerieren, weil du nicht länger so handeln musst.

Was du hingegen liebst, ist schön, wenn es da ist, aber du brauchst diese Dinge nicht mehr, um dich gut zu fühlen.

Du entscheidest selbst, was du fühlst.

Ausgehend von deiner Gedankenwahl.

Erinnere dich an dich selbst

Achtsamkeit ist ein wichtiger Begriff in deinem Entwicklungsprozess. Du nimmst dich selbst ins Visier, um wieder unterscheiden zu können, was zu deinen Gedankengängen gehört und welche Ansichten fremdbestimmt in dir wohnen.

Um dein Selbstbewusstsein berühren zu können, musst du noch einmal die Entwicklung eines Kindes durchlaufen, diesmal allerdings mit einem anderen Inhalt.

Du bist jetzt erwachsen und brauchst niemanden, der dich auf der Straße vor fahrenden Autos zurückhält.

Du bist körperlich nicht mehr auf die Versorgung durch

andere Menschen angewiesen. Trotzdem lernst du jetzt zum zweiten Mal laufen, auf geistige Weise.

Die Menschen in deiner Umgebung haben das Beste getan, was ihnen möglich war. Es war aber nicht genug, denn es hat dich in deinem Potential begrenzt und dir erzählt, wer du nicht bist. Jetzt ist es Zeit, geistig erwachsen zu werden.

Zu akzeptieren, dass alle Konditionierungen nur der Unwissenheit anderer Menschen entsprangen. Sie haben dich zwar für viele Jahre geprägt und dein wirkliches Potential in vielen Lebensbereichen reduziert, aber es ist nicht zu spät.

Der Mensch braucht mehrere Jahrzehnte, um mit den Gegebenheiten dieser Welt zurechtzukommen. Wird das Leben in ihm lebendig, tauchen die Fragen nach dem Sinn des Daseins auf.

Jetzt bist du an den Punkt gelangt, dein wirkliches Leben zu beginnen.

Du fängst ganz bewusst neu an und deine Intensität bestimmt darüber, wie schnell du dich an dich selbst erinnerst.

In der Kindheit hast du Worte zu hören bekommen, die dir nicht die Wahrheit über dich erzählten.

Jetzt ist die Zeit reif für die Wahrheit.

Du bist ein Kind des Lebens und nicht deiner Umstände.

Alles ist möglich, wenn du das glaubst und es beanspruchst.

Am Anfang ist das Wort, das zu einem Gefühl und einer

Erfahrung wird.

Es gibt nichts Unmögliches, nur Dinge, die unerreichbar scheinen, weil du sie aus deinem Geist ausklammerst.

Um diese Wahrheiten ganz praktisch zu erfahren, ist es wichtig, neu hören zu lernen.

Begrenzende Worte haben in deiner Kindheit dein Bewusstsein geprägt. Jetzt ist es Zeit für die richtigen Gedanken. Beispielsweise auch durch das Morgenschreiben. Je öfter du deinen Geist mit der richtigen Nahrung versorgst, desto schneller geschieht das Berühren deiner inneren Mitte.

Als Kind hast du vielleicht oft das Gefühl gehabt, „verkehrt" zu sein. Du hast an dir gezweifelt und versucht, die Welt mit den Augen anderer zu sehen.

Bist du ein sehr sensibler Mensch, hat diese „Brille" nicht gepasst und du bist seit deiner Kindheit mit dem Gefühl unterwegs, **nicht normal** zu sein.

Dir wird ein Stein von der Brust fallen, wenn du erkennst, dass du immer „richtig" warst.

Dass deine Impulse aus deinem Herzen kamen und

nur von begrenzenden Ansichten unterdrückt wurden.

Alles war schon immer in Ordnung und jetzt ist es Zeit, das zu leben, was deinem Herzen entspringt.

Werkzeuge zum Erwachen

Obwohl du nichts tun kannst, um mehr Selbstliebe und Selbstbewusstsein zu spüren, kannst du sehr viel tun, um dein falsches Ich von deinem wirklichen Selbst unterscheiden zu lernen.

Erst dann bist du frei zu wählen. Vorher wirst du von Konditionierungen überrollt und wunderst dich, warum du die Dinge gerne anders machen möchtest, es aber nicht funktioniert.

Es ist nun an der Zeit dir selber das zu sagen, was deine Eltern und Lehrer dir nicht sagten.

Alles, was von Ausdehnung und Wachstum spricht, das nicht auf Kosten anderer Lebewesen geht, ist Nahrung für deine Seele.

Dazu ein paar Beispiele:

Mach Traumreisen.

Das sind geführte Meditationen, in denen du den inneren Weg zu helfenden und heilenden Plätzen gehst

und geistig positive Energien berührst. Jede Traumreise
weckt ein Stückchen Erinnerung an das Wesen, das du
tief in dir wirklich bist.

(Auf YouTube wirst du viele solcher Meditationen finden. Z.B. auch auf
unserem Kanal „**Lebenvertiefen**".)

Spirituelle Gruppen.

In diesem Bereich wirst du ausprobieren müssen, bis
du Menschen findest, die zu dir passen. Es ist wichtig, dass
du Mitstreiter findest, mit denen du dich austauschen
und in schwierigen Situationen Unterstützung finden
kannst. Sich mit jemandem zu verständigen, der auf der
gleichen Wellenlänge liegt, setzt Gedanken und Worte
in dir frei, die dich zu deiner Mitte führen.

Du wirst auf Menschen treffen, die dir zuhören werden
und auf Mitstreiter, von denen du etwas mitnehmen
kannst. Das Geben und Nehmen wird sich abwechseln.
Einige Menschen werden dich längerfristig auf deinem
Weg begleiten, andere dagegen nur für kurze Zeit. Alles
ist richtig, denn jeder Mensch, der deinen Weg kreuzt, ist
ein Geschenk des Lebens, um dich einen Schritt weiter
zu dir selbst zu bringen.

Ich selber schöpfe meine Inspiration und Kraft aus
meinem christlichen Hintergrund. Die Vorstellung, dass
Gott sich mit uns Menschen so sehr verbindet, dass eine
Einheit in Liebe entsteht, finde ich begeisternd.

Sprich eine Bitte aus.

Es kommen Momente, in denen es scheinbar dunkel
wird. Du versuchst dich an Lösungswegen, reflektierst
deine Worte und Gedanken, liest gute Literatur, die dir
davon erzählt, dass alles möglich ist und dennoch hängst

du fest.

An dieser Stelle gibst du dich für einen Moment der Erfahrung hin, absolut keine Antwort zu haben.

Lass den Verstand aussetzen und sage ihm, dass er keine Lösung hat. Bleibe innerlich stehen und spüre, dass in dir Leere ist.

Sei still, damit jedes Wollen und Müssen zur Ruhe kommen kann. Und DANN sprichst du eine Bitte aus:

„Ich habe keine Ahnung, wie ich aus dieser Situation wieder herauskommen kann, aber ich weiß zumindest, dass es für jedes Problem eine Lösung gibt. Sonst könnte das Problem nicht existieren. Ich brauche Hilfe und ich fordere sie hiermit ein. Was auch immer jetzt kommt, ich bin damit einverstanden, weil ich es als die Lösung ansehe.
Bitte hilf mir, damit mein Weg weitergeht."

Es ist dabei egal, wie du diese Bitte nennst. Ob Gebet oder Wunsch oder ausgesprochene Sehnsucht.

Es sind die Worte, die von der Lebensenergie getragen werden und dir bringen oder schaffen, was du in diesem Moment brauchst.

Du musst nur akzeptieren, dass du nicht aus eigener Kraft handeln kannst und dennoch auf Rettung bestehst. Weil sie dir in jedem Fall und unter allen Umständen zusteht.

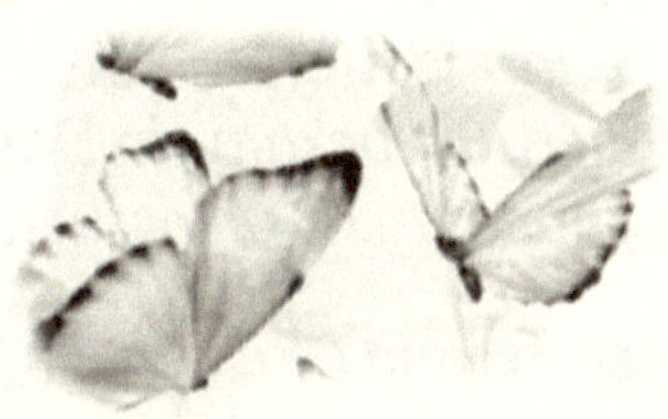

Mit diesen „Hilfsmitteln" kannst du dein neues Leben in Angriff nehmen. Löse dich von allem, was dir etwas von Beschränkungen erzählt.

Genau die willst du loswerden, denn vorher bist du weder selbstbewusst noch selbstbestimmt.

Wer das Leben anderer Menschen weiterhin leben will, hat das Recht dazu. Doch wenn du aussteigen willst, hast du ebenso die Freiheit, auf deiner inneren Erkenntnis der Vollkommenheit zu bestehen.

Erst der Geist, dann die Materie

Ich möchte dir an dieser Stelle eine kurze Geschichte erzählen, die im Buch „Traumfänger" von Marlo Morgan niedergeschrieben ist.

Sie beschreibt in schlichter und wunderbarer Weise, dass wir uns selbst von auferlegten Strukturen befreien können und müssen.

Häufig sind es existentielle Situationen, die uns zwar den Boden unter den Füßen wegziehen, aber gleichzeitig die Möglichkeit geben, endlich wieder selbstbestimmt zu handeln. Die Geschichte geht folgendermaßen:

Eine amerikanische Frau, die mit städtischen Halbblut-Aborigines arbeitete und mit ihren Projekten auf deren schwierige Lebenssituation aufmerksam machen wollte, wurde zu einem Stammestreffen einer kleinen Gruppe Aborigines eingeladen. Sie bekam ein Datum genannt, an dem sie auf eine Gruppe „Alter Menschen" treffen sollte.

Zum vereinbarten Termin erschien ein Fahrer an ihrem Hotel und fuhr mit ihr in die Wüste, wo sie von den Aborigines willkommen geheißen wurde.

Nachdem sie zeremonielle Kleidung angelegt hatte, um sich auf die vermeintliche Versammlung vorzubereiten, wurden ihre Sachen samt Rückflugticket und Kreditkarte dem Feuer zur Reinigung übergeben.

Anschließend setzte sich die Gruppe sofort in Bewegung, bedeutete dem Gast mitzukommen und brach zu einer Wanderung quer durch die Wüste auf. Völlig überrumpelt hatte die Amerikanerin keine andere Wahl, als den Eingeborenen zu folgen oder inmitten der Einsamkeit zu sterben.

Nach vielen Tagen Wanderung und der Erfahrung, wie weit sich der zivilisierte Mensch von der natürlichen Lebensweise entfernt hatte, kam der Morgen, an dem die Amerikanerin aufgefordert wurde, die Wanderung des Tages zu leiten.

Die Gruppe begrüßte an jedem Morgen den Aufgang der Sonne, dankte für die Nahrung, die ihnen das Große Leben bescheren würde und zog anschließend quer durch die Wüste. Jeden Tag wurde die Gruppe von einem anderen Gruppenmitglied geleitet.

Auf diese Weise nahm jede Person jede Stelle in der Wandergruppe ein. Mal ging man am Ende, mal war man in der Mitte untergebracht und dann war es Zeit, die Führung *zu übernehmen und Verantwortlichkeit zu zeigen.*

Die Gruppe marschierte mit der Amerikanerin an der Spitze in den Tag. Temperaturen über 40 Grad und heißer Sand ohne Schatten zehrten an den Kräften. Vor ihnen hing eine Wolke am Himmel, die ihnen vorauseilte und viel zu klein war, um Schatten oder Wasser zu spenden.

Sie liefen den ganzen Tag, ohne Wasser oder Nahrung zu finden und legten sich am Abend im heißen Wüstensand schlafen. Niemand sprach mit der Frau, obwohl diese ihre Wandergefährten anflehte, ihr zu helfen, um Wasser und Nahrung zu finden.

Am nächsten Morgen zog die Gruppe bei sengender Hitze weiter. Es kamen keine Vorwürfe, niemand sprach ein Wort. Die Amerikanerin musste die Gruppe weiterhin führen. Zu Wasser, Nahrung und einem schattigen Rastplatz.

Für Menschen der westlichen Zivilisation ist dieses Verhalten schwer verständlich. Erst wenn wir aufwachen verstehen wir, worum es geht.

Jede Antwort auf jede Frage existiert in dir.

Nicht in deinem Verstand, denn dort sind nur deine bisherigen Erfahrungen untergebracht.

Bist du jedoch gezwungen, eine Lösung zu finden, die dein Verstand nicht beherbergt, wirst du mit Hilflosigkeit konfrontiert.

Diese Erfahrung sollte der Amerikanerin ermöglich werden, denn in der westlichen Zivilisation ist die Komfortzone für solch eine existentielle Erfahrung zu groß.

Man wird an die Grenzen seiner persönlichen Leistungsfähigkeit geführt, um sich dem Leben zu öffnen. Doch in vielen Fällen braucht es dazu eine extrem bedrohliche Situation.

Es ging darum, ihr eine Erfahrung zu ermöglichen. Aus eigener Kraft zu finden, was in dieser extremen Situation notwendig war. Selbst-Bewusstsein zu demonstrieren und sich dessen Zugang wieder zu erschließen.

Obwohl die Situation auch an den Kräften der Eingeborenen zehrte, gab es keine Vorwürfe. Aber auch keine Hilfe und kein Eingreifen von Außen.

Sie musste IHREN Weg finden.

IHRE Lösung und IHRE Entscheidungen.

Die Frau spürte, wie sie innerlich vertrocknete und keinen klaren Gedanken mehr fassen konnte. Sie hatte es aufgegeben, die anderen zu beknien, ihr doch zu helfen.

Instinktiv spürte sie, dass es um ihre persönliche Erfahrung ging, die die Gruppenmitglieder ihr ermöglichen wollten. Egal zu welchen Bedingungen.

Als sie kurz vor dem Verdursten war, tauchte ein spontaner Gedanke in ihr auf. Sie bekam die Idee, den Stein, der an ihrer Halskette befestigt war, in den Mund zu stecken.

Sofort meldete sich gedanklicher Widerstand, was das in diesem Zustand bringen sollte. Aber die Idee war fast so stark wie eine Aufforderung und deshalb gab sie nach und schob sich den Stein in den Mund.

Sie spürte sofort eine Veränderung.

Rund um den Stein bildete sich Speichelflüssigkeit und

sie konnte mit ihrem ausgedörrten Hals wieder schlucken.

Die trockene Zunge wurde feucht. Sie schob den Stein im Mund hin und her und plötzlich kamen ihr merkwürdige Gedanken.

Sie empfing die Aufforderung, dass sie zu Wasser werden solle.

Sie solle Wasser riechen, schmecken und fühlen und das Element Wasser in jeder nur möglichen Form erleben, visualisieren und sich vorstellen.

Ihr ganzes Wesen sollte zu Wasser werden.

Sie ließ sich darauf ein, weil sie ohnehin keinen Schritt mehr gehen konnte. Jeder andere Gedanke wich aus ihrem Verstand. Sie konzentrierte sich und sah, spürte, schmeckte, roch und hörte Wasser um sich herum.

Nach einigen Minuten wurde sie durch fröhliches Gelächter aus ihrem Zustand geweckt.

Verwundert blickte sie sich nach ihren Gefährten um, die auf eine Sanddüne geklettert waren und dahinter verschwanden. Mit letzter Energie folgte sie ihnen den Hang hinauf und ließ sich auf der anderen Seite hinunterrollen.

Mit ihren Füßen landete sie im Wasser.

Die einzige Wolke, die zwei Tage vor ihnen hergezogen war, hatte ihr Wasser freigegeben und einen Teich gebildet.

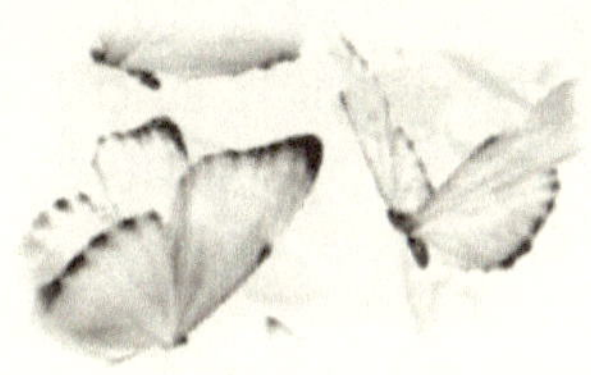

Soweit diese inspirierende Geschichte.

Warum habe ich sie dir erzählt?

Weil sie dir etwas über dich selbst mitteilt.

In extremen Situationen kommst du mit deiner fremdbestimmten Persönlichkeit nicht weiter.

Sie ermöglicht dir nur ein begrenztes Handlungsrepertoire. Es ist aber nicht vorgesehen, dass du in solch einem Moment untergehst.

Im Gegenteil!

Es soll dir helfen, zu deiner vollkommenen Ausdrucksfähigkeit erwachen.

Du sollst wieder in der Lage sein, *jeder* Situation begegnen zu können.

Du sollst versorgt, gesund, liebevoll und inspirierend sein. Du sollst ausdrücken und verwirklichen, was dir auf der Seele liegt.

Wenn es Rechnungen zu bezahlen gibt, sollst du das tun können.

Äußert sich ein negativer Gedanke als Krankheitssymptom, sollst du ihn heilen können.

Möchtest du dich mit einer bestimmten Arbeit ausdrücken, sollst du das tun können und dürfen.

Diese Sichtweise stimmt nicht mit dem überein, was wir zur Zeit als Gesellschaft und Individuum leben. Aber wenn du aufwachst, wirst du dich aus der Masse herauskristallisieren.

Damit du Menschen zeigen kannst, was möglich ist.

Die Wahrheit wird dich frei machen

Lass mich dich nochmal an deine übernommenen Gedankenmuster erinnern.

Es wird dir wie vielen Menschen gehen, die an dem zweifeln, was sie innerlich fühlen.

Gerade am Anfang des Erwachens stellt sich die Frage, ob das, was du denkst und fühlst, richtig oder falsch ist.

Du weißt in jedem Moment genau, was aus deinem Selbstbewusstsein kommt. Aber noch lässt du dein Wissen nicht zu, weil du gelernt hast, deine innere Stimme zu unterdrücken und auf die fremden Worte zu hören.

Jeder Versuch, die Sachlage umzudrehen, ist mit Angst verbunden. Hast du damals nicht gehorcht, hatte das negative Konsequenzen zur Folge.

Diese Angst sitzt und „beschützt" dich davor, etwas zu tun, das deinen Konditionierungen entgegensteht.

Deshalb ist es so wichtig, dass du verstehst, dass niemand mehr da ist, der dich bestraft und verurteilt, wenn du das für dich Richtige wählst.

Du bleibst in diesem Kreislauf mit all seinen Konsequenzen nur gefangen, wenn du an deiner Struktur festhältst. Schauen wir uns einzelne Aussagen an, mit denen du im Alltag konfrontiert bist:

Das Herz sagt: Ich möchte ein Buch schreiben

Die konditionierte Persönlichkeit in Form von Widerstand sagt: Dazu hast du keine Zeit

Herz: Ich würde gerne in Afrika eine Schule aufbauen

Widerstand: Wovon willst du dort leben?

Herz: Ich möchte gerne Klavier spielen lernen

Widerstand: Du kannst dir kein Klavier leisten

Herz: Ich möchte gern eine Fremdsprache lernen

Widerstand: Dazu hast du kein Talent

Herz: Ich möchte gerne in einem eigenen Haus wohnen

Widerstand: Du bekommst keinen Kredit

Kommen dir diese Aussagen bekannt vor?

Was dein Herz sagt, wird abgeschmettert. Obwohl du alles in Anspruch nehmen darfst.

Der Widerstand gegenüber deinen Herzensangelegenheiten entstammt der Fremdbestimmung.

Es waren deine Eltern, Lehrer, Familienangehörige und dein Umfeld, die dir die Dinge im wahrsten Sinne des Wortes *eingeredet* haben, als du noch formbar warst.

Sie haben ihre begrenzten Erfahrungen an dich weitergegeben, statt sich selbst zu fragen, ob es nicht mehr im Leben gibt, um das an dich weiterzugeben.

Doch ab jetzt kannst du zwischen deinen und fremden Impulsen unterscheiden. Du musst nicht länger dich und deine Wahrnehmung in Frage stellen. Was sich tief in deiner Seele meldete, war immer richtig. Du warst nur verunsichert und hast die Optionen gelebt, die dein Umfeld für möglich hielt.

Aber du bist so viel mehr.

Wenn dein Verstand nicht verstehen kann, dass du über mehr Geld verfügen möchtest, nimm es ihm nicht übel.

Anscheinend hast du diese Erfahrung noch nicht gelebt und dein Verstand kann sie daher nicht aufrufen.

Nur aus diesem Grund sagt dir die innere Stimme, dass du das nicht bekommen kannst.

Kämpfe nicht gegen sie, sage ihr, dass sie sich irrt. Deine Eltern haben sich geirrt. Deine Lehrer haben sich geirrt.

Alle, die dir bei deinen Herzenswünschen Grenzen gesetzt haben, haben sich geirrt.

Die Auswirkungen waren seelische Schmerzen, das Leben in einer Opferrolle, die Unterdrückung dessen, was du wirklich bist, bis hin zur dunkelsten Nacht, in der alle Türen verschlossen schienen.

Wenn du verstehst, dass viel mehr möglich ist, als die dir gesetzten Grenzen zugelassen haben, hast du dich wiedergefunden.

Dann spürst du die Liebe in dir, die von allen Möglichkeiten erzählt. Du schaust auf dein Leben zurück und erkennst, dass nichts umsonst war.

Der Weg zu dir selbst beginnt mit der Sehnsucht nach dem, was dir verwehrt wird.

Ohne diesen Selbstausdruck wäre dein Leben umsonst, weil du nicht sichtbar geworden bist.

Lange Zeit hast du an dir gezweifelt und versucht, der Mensch zu sein, den andere sich vorgestellt haben. Gut, dass es nicht funktioniert hat.

Als alles aussichtslos schien, kam das Licht am Ende des Tunnels.

Es ist Zeit, dass du alleine in deinem Körper lebst.

Ohne Fremdeinwirkung und mit der vollen Kraft deines Herzens.

Selbstwertgefühl ist ein anderes Wort für die Erfahrung, alle Impulse aus deiner innersten Struktur wahrzunehmen und ihnen gemäß handeln und leben zu dürfen.

Du kannst es die Stimme Gottes, des Herzens, die Liebe, dein Innerstes, die Intuition oder Worte der Seele nennen – das ist egal.

Finde deinen Namen für die Verbindung zwischen dir und der Kraft, die dich geschaffen hat und in jedem Moment erhält.

Du brauchst nicht mehr kämpfen, um zu bekommen, was du brauchst.

Entspanne dich, tritt zurück und sei still.

Und dann wisse, dass alles vorhanden und möglich ist. Wähle, was sich dir zeigen soll und sei ein Meister des Lebens.

Bist du an diesem Punkt angekommen, sind alle Scherben der aufgedrückten Persönlichkeit von dir abgefallen.

Dann machst du die Erfahrung, Liebe zu sein.

Du kannst nichts tun, um dorthin zu gelangen.

Du brauchst dich nur mit den Wahrheiten zu beschäftigen und deinen Geist mit diesen richtigen

Worten zu füttern, alles andere geschieht von ganz allein.

Du hast das Anrecht auf alles Gute.

Auch wenn andere Menschen anmaßend und grenzüberschreitend sind, jeder gute Gedanke steht dir zur Verfügung und will von dir berührt werden.

Vergiss nicht:

am Anfang war das Wort und das Wort wird Form.

Nachwort

Ich hoffe, du hast beim Lesen eine Verbindung zu deinem bisherigen Lebensweg erkennen können.

Alles was lebt, ist dazu bestimmt, sich voll zu entfalten.

So auch wir Menschen.

Im Gegensatz zum Tier oder Pflanze ist es für uns Menschen eine bewusste Aufgabe.

Diese Aufgabe ist nicht nur eine Äußere – also der Aufbau eines Lebenswerks, sondern genauso ein innerer Reifungsweg.

Wenn dieses innere Werk gelingt, **haben** wir nicht mehr als vorher, aber wir **sind** anders und **mehr** geworden.

Auf diesem Weg können wir uns auch immer mehr als Teil dieser Schöpfung begreifen.

Je tiefer wir in unser kosmisches Dasein versinken, umso voller erkennen wir die Wahrheit, dass es keinen äußeren und inneren, sondern nur einen Kosmos gibt.

Wir sind im Kosmos, und der Kosmos ist in uns.

Alles ist miteinander verbunden, alles ist in Bewegung.

Alles ist ein Segen, ein fortwährender, fruchtbarer Segen mit einer heilbringenden Geschichte von etwa 13 Milliarden Jahren.

Vielleicht kommst du durch diese innere Auseinandersetzung auch neu in Verbindung mit der Frage nach Gott.

Wenn wir die Wahrheit über uns durch ein liebendes Wesen zugesprochen bekommen, bekommen die Einsichten dieses Buches eine noch größere Tiefe und Kraft.

Möchtest du mit uns in Kontakt kommen oder weitere Inhalte erhalten, findest du uns hier:

www.Lebenvertiefen.de

www.Morgenseiten.com

oder schreibe eine E-Mail:

info@Lebenvertiefen.de

Heilsame Worte

Die Kindheit gehört zu den schwersten Phasen jedes Menschenlebens. Sie zu überleben bedeutet die größte Leistung unseres Lebens.

Obwohl alle Eltern das Beste für ihre Kinder wollen, können sie es ihnen nur sehr begrenzt geben:

Liebe ohne Erwartungen, bedingungslose Aufmerksamkeit, Ermutigung und Bestätigung.

Im Folgenden liste ich wichtige Botschaften auf, die wir als Kinder in den verschiedenen Entwicklungsphasen gehört haben sollten.

Du wirst sie in dieser Reinform wahrscheinlich nicht oder nur selten gehört haben.

Jetzt aber kannst du sie – verbunden mit dem Wissen aus diesem Buch - nachträglich in dein Leben aufnehmen.

Heilsame Worte an das Kind in der vorgeburtlichen Phase

Für eine positive Entwicklung in der Phase der Entstehung ist es wichtig, dass die Eltern sich das Kind gewünscht haben. Wir wissen heute, dass der Fötus die Stimme von Vater und Mutter erkennen kann.

Heilsame Worte:

- Wir sind miteinander verbunden und du bist ein ganzer Mensch.

- Wir freuen uns, dass du da bist.

- Dein Leben gehört dir.

- Du kannst auf die Welt kommen, wenn du dafür bereit bist.

- Deine Sicherheit ist uns wichtig.

Heilsame Worte an das Kind in der Phase des „Seins"

Die ersten Monate nach der Geburt sind sehr sensibel. Es ist die Phase des Urvertrauens. Diese wird primär durch Kontakt gefestigt:

Augen- und Körperkontakt.

Aber auch gesprochene Worte haben entscheidende Bedeutung, auch wenn sie noch nicht kognitiv verstanden werden:

- Du bist willkommen!

- Deine Bedürfnisse sind uns wichtig.

- Du darfst in deinem eigenen Rhythmus wachsen.

- Du darfst fühlen, was du fühlst.

- Du bist geliebt und wir kümmern uns gerne um dich.

Heilsame Worte an das Kind im Alter bis 3 Jahre

In dieser Lebensphase löst sich das Kind aus der gefühlten Symbiose und erfährt auf verschiedenen Ebenen Selbständigkeit. Es testet Grenzen aus und erlebt sich als ein Gegenüber.

In diesem Alter braucht das Kind den Raum, um erste Aggressionen ausdrücken zu können – und gleichzeitig das Bewusstsein, dass es nicht der Mittelpunkt der Welt ist.

Folgende heilsame Worte festigen diese Lebenserfahrung:

- Du darfst Nein sagen und deine Grenzen austesten.

- Du darfst dein Denken und Fühlen ausdrücken.

- Es freut uns, dass du selbständig denkst.

- Du hast das Recht, eigene Grenzen deutlich zu machen und um Hilfe zu bitten.

- Wir lieben dich, auch wenn du dich von uns entfernst.

Heilsame Worte an das Kind bis zur Pubertät

In dieser Lebensphase prägt sich im Kind eine eigene Identität und erlebt sich „zwischen" den Beziehungen. Es lernt Ursache und Wirkung des eigenen Verhaltens besser kennen und auch das Gefühl für das eigene Geschlecht.

- Du hast das Recht, verschiedene Rollen auszuprobieren.

- Du darfst erforschen, wer du bist.

- Wir akzeptieren deine Gefühle.

- Du darfst eigene Erfahrungen machen und dadurch lernen.

- Du darfst Nein sagen und Fehler machen.

- Du hast das Recht nachzudenken, ehe du Ja oder Nein sagst.

- Du hast das Recht, die Regeln kennen zu lernen, die dir im Umgang mit anderen hilfreich sind.

- Wir freuen uns über deine ganz eigene Entwicklung.

Heilsame Worte an das Kind in und nach der Pubertät

Diese Lebensphase ist ganz entscheidend für die Entwicklung eines gesunden Selbstwertgefühls. Es ist eine komplizierte Lebensphase, da der Mensch vor einer großen Aufgabe steht:

Eine unabhängige und lebenstüchtige Person zu

werden, die Verantwortung für die eigenen Gefühle und Handlungen übernimmt.

Folgende heilsamen Worte können diese Phase unterstützen:

- Du darfst in Freiheit herausfinden, wer du bist.

- Du hast das Recht, ganz Mann / Frau zu werden.

- Wir freuen uns an deinem Reifungsprozess und sind begeistert, dich als Erwachsenen kennenzulernen.

- Du darfst Bestehendes so verändern, dass es für dich passt.

- Wir lieben dich und wir vertrauen dir.

- Du darfst bedeutend sein.

- Du wirst es schaffen.

- Wir sind stolz auf dich.

- Du darfst erwachsen und selbständig werden.

Diese heilsamen Worte können von Eltern, Großeltern, Lehrern, Erziehern oder Geistlichen vermittelt werden, die in Verbindung mit dem Kind stehen.

Und: sie können jederzeit „im Nachhinein" aufgenommen werden in vielen unterschiedlichen Varianten.

Eine kraftvolle Variante sind geführte Meditationen.

Du findest eine große Auswahl von solchen Meditationen auf unserem YouTube Kanal

(**Lebenvertiefen**) oder auch in unserem Shop.

Mail an:

Info@lebenvertiefen.de

Ich bin dankbar!

Für so vieles. Besonders für meine Lehrer.

Die wichtigsten Lehrer meines Lebens waren bislang:

Mein Vater (Mitempfinden), meine Mutter (treues Durchhalten und gewachsene Güte), der Niederrhein (Humor ist wenn man trotzdem lacht), Klaus Lukoschus, der Pastor meiner Jugendzeit (Güte Gottes), Walter Mückstein (Seelenführung), Richard Rohr (die Kunst des Sehens), meine Frau Susanne (Wohnen im Herzen und das Wissen des Herzens), Menschen, die ich auf ihrem Lebensweg begleite (die immer neuen Überraschungen des Lebens), Armenien (die Stille), die Bibel (Gottes Bilderbuch), dieser Augenblick…